OF

EISENBAHNEN DER WELT

O. S. Nock

DAMPFEISENBAHN AN DER WENDE

1940–1965

Illustriert von
Clifford und Wendy Meadway

ORELL FÜSSLI VERLAG ZÜRICH

Aus dem Englischen übersetzt von Wolfgang Hege
Die Originalausgabe erschien unter dem Titel
„Railways in the Transition from Steam 1940–1965"
im Verlag Blandford Press Ltd., London 1974

ISBN 3 280 00804 2

VORWORT

Dieser Band aus der Reihe „Eisenbahnen der Welt" behandelt den Zeitraum von 1940 bis 1965, der sich damit charakterisieren läßt, daß in vielen Ländern der Dampfbetrieb endgültig aufgegeben wurde. Natürlich bestehen gegenwärtig noch viele Dampfeisenbahnen in der Welt, vor allem in Indien, Südafrika und in Teilen des Fernen Ostens. Wie schon bisher gibt es gewisse Überlappungen, denn seit der Band *Die Blütezeit der Dampfeisenbahn 1920–1940* erschien, tauchten viele zusätzliche Informationen über Gebiete auf, die in jenem Buch übergangen werden mußten, besonders was die Technik und Ausrüstung der Japanischen Staatseisenbahnen betrifft. Die Zeichner und ich sind erfreut, daß es uns möglich war, zumindest einige der offenkundigen Lücken zu schließen. Die Tatsache, daß der Dampfbetrieb überholt ist, mindert sicherlich nicht das Interesse an dem mannigfaltigen Charakter der Eisenbahnen in der Welt; erscheint doch dieser Band zu einer Zeit, in der sich ein umfassender Aufschwung in der Weiterentwicklung der Eisenbahntechnik vollzieht, mit stark erhöhten Geschwindigkeiten und der Nutzung der Massentransportmittel für die gewaltigen Mengen an Bodenschätzen. Sollte sich später die Gelegenheit bieten, die Geschichte der Eisenbahnen der Welt noch einmal aufzugreifen, darf man sicher sein, daß sie nicht weniger fesselnd sein wird als bisher.

O. S. Nock

Ihren Dank ausdrücken möchten die Illustratoren gegenüber den nachstehenden Unternehmen:
Alsthom, ASEA, Brush, Fiat, G.E.C. Traction, General Motors, Krauss-Maffei, MAN, Macosa, Metro-Cammell, NOHAB, Rheinstahl Henschel, S.L.M., Société M.T.E., Gebr. Sulzer, Wegmann.

Gleichfalls danken möchten sie den Konstruktionsabteilungen und Werbeleitern der verschiedenen Eisenbahnverwaltungen. Alle haben mit Unterlagen über Einzelheiten des Maschinenbaus sowie den äußeren Aufbau und Anstrich ausgeholfen und damit beigetragen, die Genauigkeit der Bilder in diesem Buch sicherzustellen.

EINLEITUNG

Der Zeitabschnitt seit 1940 war einer der bemerkenswertesten und entscheidendsten in der Geschichte der Eisenbahn. Die Jahre unmittelbar vor dem Ausbruch des Krieges von 1939 hatten einen gewaltigen Fortschritt in den unterschiedlichsten Formen des Transportwesens erlebt. Das private Kraftfahrzeug und der Fernverkehrsomnibus brachten schwere Einbußen für das Personenbeförderungsgeschäft der Eisenbahnen, und nicht nur im Überseeverkehr gewann die Zivilluftfahrt an Popularität. Während der großen Weltwirtschaftskrise Anfang der dreißiger Jahre hatten die Eisenbahngesellschaften auf der ganzen Welt wenig Möglichkeiten, Kapital für neue Einrichtungen zu investieren. Man „ließ die Dinge laufen", und allen Beteiligten gereicht es zur Ehre, daß die Normen für die Wartung und die Sicherheitsmaßnahmen unverändert blieben, auch wenn das für die Aktionäre der privaten Eisenbahngesellschaften bedeutete, kleine oder gar keine Dividenden zu erhalten. Dies war von entscheidender Wichtigkeit, als der Krieg ausbrach. Dann mußten, bei einem verringerten Angebot an Arbeitskräften für den Eisenbahndienst, die Zeitabstände für das Überholen der Lokomotiven verlängert werden; ebenso wurden die Gleisanlagen nicht mehr so regelmäßig gewartet, ein Nachteil, dem man durch Verringern der Zuggeschwindigkeiten begegnete.

Eine der ersten Auswirkungen des Krieges in allen beteiligten Ländern Europas war die Rationierung des Benzins und schließlich das Verbot, es für private Autofahrten zu verwenden. Viel mehr Menschen mußten nun mit dem Zug fahren, und da das Verkehrsangebot verringert wurde, waren die Eisenbahnwagen oft zum Brechen voll. Das war keineswegs angenehm. Viele Kinder waren schon in ihrem zweiten Lebensjahrzehnt, als sie die erste Eisenbahnfahrt erlebten; gewohnt an die ungezwungene Atmosphäre im Familienauto, hatten sie keine Freude daran. Die Züge waren nicht nur überfüllt, sie fuhren auch viel langsamer als vor dem Kriege; nachts wurden sie nur schwach und primitiv beleuchtet. Alle Bahnhöfe waren verdunkelt, die Wagen schmutzig, und sehr oft gab es lange Verspätungen unterwegs. So sah es in ganz Europa aus, besonders natürlich in der Nähe der Kampfgebiete auf dem Kontinent. Plakate ermahnten die Leute, nur in dringenden Fällen zu verreisen. Ganz gewiß wird in jenen Tagen niemand mit der Eisenbahn gefahren sein, wenn er nicht wirklich mußte.

Die Eisenbahngesellschaften besonders Großbritanniens waren zu gewaltigen Kriegsanstrengungen gezwungen. Diese wurden nicht nach der Leistung schneller Expreßzüge bemessen, sondern nach der transportierten Frachttonnage. In dieser Hinsicht waren die Ergebnisse außergewöhnlich.

Wenn eine große Industrie vor der Notwendigkeit steht, ihre Produktion zu steigern, so ist es sinnvoll, Kapital zu investieren, um zusätzliche oder verbesserte Maschinen anzuschaffen, neue Fertigungsstätten zu errichten und weitere Arbeitskräfte einzustellen. Solche Möglichkeiten waren jedoch den britischen Eisenbahnen im Zweiten Weltkrieg nicht gegeben, geschweige denn erlaubt. Als die Vorbereitungen für die Invasion in Nordfrankreich auf Hochtouren liefen, verfügten die Eisenbahnen nur über etwa 75 Prozent ihrer regulären Werkstättenausrüstung, und etwa 15 Prozent des Personals waren anderen Aufgaben zugeführt worden. Dennoch konnte man trotz diesen allem Anschein nach lähmenden Behinderungen die Transportleistung, gemessen nach Tonnenkilometern, um 46 Prozent steigern – in Worten: um fast die Hälfte! Und es braucht kaum hinzugefügt zu werden, daß dies angesichts aller ständigen Gefahren erreicht wurde, die die Zerstörungen durch Luftangriffe mit sich brachten, ebenso unter dem Zwang, ständig auf das Befahren von Ausweichstrecken vorbereitet zu sein.

In den USA blieben die Verhältnisse während der ersten zwei Jahre des Krieges unverändert. Erst 1941 wurde das Land unmittelbar in die Kampfhandlungen verwickelt, aber dies geschah, obgleich es schnell und mit aller Macht dem Druck der Lage ausgesetzt war, ohne die Störungen der Verdunkelung und all die Ängste, Gefahren und Leiden von Luftangriffen. Sogar in den für die USA härtesten Kriegstagen mußte das Zugpersonal nicht mit der Vorstellung auf lange Fahrten gehen, daß ihr Zuhause von Bomben zerstört und ihre Familien getötet oder verletzt sein konnten, ehe die Männer zurückkamen. Dieser Situation sahen sich britische und deutsche Eisenbahner nahezu täglich ausgesetzt; in vollem Ausmaß während der verzweifeltsten Phasen des Krieges mußten Franzosen, Belgier und Holländer jene Erfahrungen machen, im letzten Kriegsjahr ebenso die Japaner. Aber obgleich sie unter weniger gefahrvollen Bedingungen arbeiteten, vollbrachten die amerikanischen Eisenbahnen eine gewaltige Transportleistung.

Die Zeit der Normalisierung nach dem Kriege war an vielen Orten durch zahlreiche Hemmnisse und Wirrungen gekennzeichnet. Die Eisenbahnen in Westeuropa waren durch die Bombardierungen, die Anschläge der verschiedenen Untergrundbewegungen und durch die Auswirkungen der unmittelbaren Kampfhandlungen so stark beschädigt, daß sie zeitweise buchstäblich zum Stillstand kamen, so insbesondere in Frankreich und in den Niederlanden. Als notwendig erwies sich ein beinahe vollständiger Neuaufbau, und angesichts der Dringlichkeit, diesen Ländern alsbald wieder auf ihre eigenen Beine zu helfen, wurden beträchtliche An-

leihen für die Entwicklung der Eisenbahnen gewährt.
Nahezu als einzige in Westeuropa blieben noch die Eisenbahnen von Großbritannien in vollem Betrieb, obwohl die ortsfesten Einrichtungen und das rollende Material bis 1945 fast bis an die Grenze des völligen Zusammenbruchs ausgelastet waren. Leider gelangten keine der für den Wiederaufbau auf dem Kontinent zur Verfügung gestellten Geldmittel nach England, und als die Gesetzgebung zur Verstaatlichung der Eisenbahnen noch in der Schwebe war, gestaltete sich die Lage besonders schwierig. Während das Ende des Krieges in verschiedener Hinsicht eine Entspannung brachte, einschließlich bezahltem Urlaub für Millionen, die ihn bis dahin noch nicht genießen konnten, wirkten sich bei den Eisenbahnen die Kohleverknappung und der Fortbestand der Rationierung für die meisten Dinge als eine ungeheure zusätzliche Belastung im Personenverkehr während der Ferienmonate aus.
Das Erlebnis vieler Menschen, zum erstenmal weit weg zu verreisen, brachte den Eisenbahnen keinen Nutzen. Werbeleute zogen gegen die Dampflokomotive zu Felde, die veraltet und unwirtschaftlich sei; amerikanische Anteilseigner und andere Geschäftskreise hoben die Vorteile des Dieselbetriebs hervor – aber in jenen ersten Nachkriegsjahren schloß die wirtschaftliche Lage in ganz Europa die Überlegung von vornherein aus, andere als einheimische Treibstoffe zu verwenden. Devisen standen nicht zur Verfügung, um das nötige Öl zum Betrieb der Diesellokomotiven zu kaufen, und wo die Investitionen für die Elektrifizierung nicht gerechtfertigt waren, mußte es eben beim Dampfbetrieb bleiben. R. A. Riddles, neuernanntes Mitglied der Britischen Eisenbahndirektion und verantwortlich für Maschinenbau und Elektrotechnik, drückte es kurz und bündig aus, indem er sagte, man würde jene Form an Energie kaufen, die die größte Zugleistung je Pfund Sterling erbrachte – nämlich Dampf.
Dieselbe Entwicklung konnte man anfänglich in vielen Teilen der Welt beobachten. So entstanden in Frankreich einige großartige neue Entwürfe für Dampflokomotiven. Eine oder zwei der US-amerikanischen Eisenbahnen in unmittelbarer Nähe der Kohlengebiete im Osten, namentlich die Norfolk and Western Railroad, machten die Beibehaltung des Dampfbetriebs zu einem Hauptanliegen ihrer Geschäftspolitik, während die Nachfrage in vielen Teilen der Welt nach Dampflokomotiven britischen Fabrikats das Exportgeschäft für eine Zeitlang aufblühen ließ. Einige der Anfang der fünfziger Jahre von der North British Locomotive Company, der Vulcan Foundry und von Beyer, Peacock & Co. exportierten Lokomotiven waren wahre Meisterwerke in der Kunst des Maschinenbaus. Zur gleichen Zeit gab es jedoch einige sehr bemerkenswerte Entwicklungen bei elektrischen Lokomotiven. So sollten die Resultate der Zusammenarbeit zwischen der schweizerischen Firma Brown, Boveri & Co. und der Bern–Lötschberg–Simplon-Bahn bzw. den Schweizerischen Bundesbahnen einen nachhaltigen Einfluß auf die Lokomotivbaupraxis in

Frankreich und England ausüben. Trotz des wichtigsten geschäftspolitischen Entschlusses der Britischen Eisenbahnen, nämlich beim Dampfbetrieb zu bleiben, waren sich die Fabrikanten und viele Eisenbahntechniker der Notwendigkeit bewußt, mit der Praxis in Übersee Schritt halten zu müssen. Deshalb unternahm besonders die English Electric Company (EEC) energische Anstrengungen, den Exportmarkt im Dieselantrieb zu beleben, eine Entwicklung, die sich in späteren Jahren als ein großer Vorteil für die britischen Eisenbahnen erweisen sollte. Was zuweilen als die „erste Generation“ der dieselelektrischen Lokomotiven bezeichnet wurde, mit ihren attraktiv entworfenen Frontkabinen („nose-cabs“), folgte der Mode, die etwa zehn Jahre früher in den USA durch die Standardausführungen der General Motors Corporation vorgezeichnet worden war und die einen starken Einfluß auf das Bild der amerikanischen Eisenbahnen nach dem Krieg ausübte. Zur selben Zeit wurden als Alternative zum Dampfbetrieb noch verschiedene andere Methoden untersucht, einschließlich der Gasturbine und des hydraulischen Getriebes für Diesellokomotiven. Als die Verstaatlichung in Großbritannien durchgeführt wurde, hatten in der Tat drei der vier führenden Eisenbahngesellschaften, die sich in der Zeit der Zusammenschlüsse gebildet hatten, bemerkenswerte Projekte in Arbeit, die leider aus den schon angedeuteten wirtschaftlichen Gründen eingestellt werden mußten.

Sobald sich die wirtschaftlichen Verhältnisse auf der ganzen Welt wieder langsam zu normalisieren begannen, begleitet vom Ende der Benzinrationierung, dem Anlaufen der Massenproduktion neuer Kraftwagenmodelle und der sehr schnellen Entwicklung des Zivilluftverkehrs, setzte ein starker Rückgang des Eisenbahngeschäfts ein. Man sprach sogar davon, daß die Eisenbahnen im Begriff waren, unmodern zu werden. Die optimistischen Erwartungen, die einige Verfechter der Verstaatlichung gehegt hatten, erfüllten sich nicht. Die einfache, aber allzu billige Lösung, einzelne unrentable Eisenbahnstrecken stillzulegen, wurde erbarmungslos in den USA verfolgt, in geringerem Ausmaß auch in Großbritannien. Doch beide Programme erreichten es nicht, die rückläufige Ertragslage zu stoppen. Viele Beobachter glaubten, daß eine derartige Politik wenig mehr als ein indirektes Mittel war, das gesamte Eisenbahnwesen aufzugeben.

Diese Taktik findet sich kaum bei den Eisenbahnen auf dem europäischen Kontinent und auch nicht bei den Eisenbahnen in den Ländern des britischen Commonwealth – nicht daß die finanzielle Lage dort in etwa günstiger gewesen wäre. In Großbritannien waren die Eisenbahngesellschaften zu der festen Überzeugung gekommen, daß die einzige Lösung der Schwierigkeiten darin bestand, dem Dampfbetrieb ein Ende zu setzen. Dies war der Kernpunkt des 1955 in Angriff genommenen Modernisierungsplans. Die Beseitigung des Dampfbetriebs in Großbritannien dauerte etwas länger als zehn Jahre; doch nachher gestaltete sich die Finanzlage der Eisenbahnen auch nicht besser.

In der Rückschau ist es bemerkenswert, über die Ansichten nachzudenken, wie sie von einigen im Brennpunkt der Geschehnisse vertreten wurden, nicht nur in Großbritannien, sondern auch an vielen anderen Orten. Jene Ansichten gingen dahin, daß das bloße Ändern der Traktionsform für die Lebensfähigkeit des Eisenbahnbetriebs Wunder wirken würde. Und selbst wenn – wie in Großbritannien – die Finanzmittel für die Elektrifizierung bestimmter Hauptstrecken aufgebracht wurden, gab es Leute, die sich den zukünftigen Betrieb nur geringfügig schneller dachten als auf den besten, in früheren Jahren regelmäßig mit Dampf bedienten Linien. Glücklicherweise gab es wieder andere, die erkannten, daß die Eisenbahnen in allen fortgeschrittenen Ländern der Welt hinsichtlich der Betriebsgeschwindigkeit einen Vorteil hatten, der einer nahezu unbegrenzten Weiterentwicklung fähig war und dem man Spielraum bis zum Äußersten lassen mußte; dies nicht allein im Interesse der Lebensfähigkeit der Eisenbahnen, sondern auch zum allgemeinen Wohle.

Der außerordentliche Fortschritt im privaten Kraftfahrwesen, die Entwicklung des schweren Güterverkehrs auf der Straße und die Beliebtheit des Fernverkehrsomnibusses, mit dem das Reisen um vieles billiger war als mit dem Zug, führten zu Fahrzeugstaus auf den Straßen, chronischen Verkehrsstokkungen in den Großstädten und zu schwerer Luftverschmutzung durch die Auspuffgase. Die Geschwindigkeit im Transitverkehr der inländischen Fluglinien wurde – wenn man von der Distanz Stadtmitte bis Stadtmitte ausgeht – ziemlich aufgehoben durch den Zeitverlust, bis man den betreffenden Flughafen erreicht hatte, durch die Zeit, die für die Formalitäten benötigt wurde, und durch das Warten vom Ankommen am Flughafen bis zum Start der Maschine. Für Reisen von verhältnismäßig kurzer Dauer konnte man die Eisenbahn noch einmal zu einem ernsthaften Konkurrenten machen, und zwar im Intercity-Verkehr. Gleicherweise erkannte man aber, daß für dieses Ziel die herkömmlichen Durchschnittsgeschwindigkeiten der Züge von 90 bis 100 km/h nicht ausreichten. Die Geschwindigkeiten mußten mindestens 120 km/h betragen, eher mehr.

So begann sich in Europa eine neue Ära des Eisenbahnbetriebs zu entfalten. In Frankreich wurden die Eisenbahnlinien von ehedem wieder aufgewertet: Kurven wurden neu abgesteckt, Kreuzungen umgestaltet, die Lokomotiven und der Reisezugwagenbestand verbessert, so daß Strecken von 200 und mehr Kilometern durchgehend mit Geschwindigkeiten von über 130 km/h befahren werden konnten. In Großbritannien kam die Elektrifizierung der Linien von London-Euston nach Liverpool und Manchester dem Bau einer völlig neuen Schienenstrecke auf der alten Trasse gleich. Das machte sich in einem solchen Ausmaß bezahlt, daß, als der neue Betrieb im April 1966 in vollem Umfang aufgenommen wurde und die Fahrt von London bis Liverpool bzw. bis Manchester nur noch wenig mehr als zweieinhalb Stunden dauerte, die Einnahmen im Per-

sonenverkehr auf diesen Strecken um einige 40 Prozent zunahmen. Mit der Geschwindigkeit konnten also die Fluggesellschaften nicht mehr länger konkurrieren.
Dieses englische Beispiel war nicht mehr als typisch für das, was in vielen Teilen der Welt vor sich ging. Ein erneuter Aufschwung der Eisenbahnen hatte begonnen. Die Franzosen erhöhten die Geschwindigkeit auf allen ihren Hauptstrecken, die Deutsche Bundesbahn machte sich daran, Züge zwischen München und Augsburg mit 200 km/h verkehren zu lassen. Doch die aufsehenerregendste Entwicklung, die bis etwa 1965 – dem Zeitpunkt, an dem dieses Buch endet – die Stufe der praktischen Anwendung erreichte, wurde in Japan geleistet. Schon eine Zeitlang bestand ein dringender Bedarf nach einer schnelleren Verbindung zwischen Tokio und den großen Städten an der Ostküste. Die bestehende Hauptstrecke, die alte Tokaido-Linie, hatte eine Spurweite von 1067 mm und – gebaut zu einer Zeit, als Geschwindigkeit noch wenig wichtig war – eine veraltete Streckenführung entlang der Küste. Es erschien von vornherein unmöglich, sie für neuzeitliche Anforderungen auszubauen.
Hier das gleiche Verfahren anzuwenden wie bei der Modernisierung der Linien von London nach Mittelengland, wäre völlig ausgeschlossen gewesen. Deshalb wurden, da es auch die nationale Entwicklung berührte, die für den Bau einer gänzlich neuen Linie erforderlichen gewaltigen Geldmittel zur Verfügung gestellt. Diese Linie sollte so gut angelegt werden, daß sie auf der ganzen Länge Dauergeschwindigkeiten von 210 km/h zuließ. Verglichen mit normalen Maßstäben, erreichten die Kosten eine astronomische Höhe, aber der Enderfolg war beispiellos. Inzwischen wird dieses Schnellverkehrssystem erweitert mit dem Ziel, das ganze Land mit einem völlig neuen Schienennetz zu überziehen. Auch anderswo in der Welt sind die älteren Eisenbahnnetze modernisiert und zusätzliche neue Linien zum Massentransport spezieller Güter gebaut worden: z.B. für die Beförderung von Erzen von gewaltigen Lagerstätten im Innern Australiens zu den Seehäfen; um als eine Art Förderband zu dienen über Hunderte von Meilen zwischen den zusammenarbeitenden Fabriken für unterschiedliche Produkte und Produktionsprozesse innerhalb eines integrierten Unternehmens; und ebenso, um neue Gebiete in Entwicklungsländern zu erschließen. Weit davon entfernt, überholt zu sein, gewinnt die Eisenbahn tatsächlich eine neue Bedeutung, sei es in entfernten Gegenden mit einem phantastischen Reichtum an Bodenschätzen, sei es in der betriebsamen industriellen Entfaltung des modernen japanischen Staates oder in dem immer besser koordinierten Netz des Trans-Europ-Expreß. Dies gilt sicherlich nicht zuletzt für jenes Land, in dem vor 150 Jahren die Eisenbahn entstand und wo es heute möglich ist, zwischen London und Glasgow mit einer Durchschnittsgeschwindigkeit von mehr als 130 km/h zu reisen.

USA

1 **Southern Pacific Railroad:**
2′D2′-Schnellzuglokomotive der Serie GS-4, verwendet für den „Daylight Express"

KANADA

2 **Canadian National Railways:**
2′D2′-Lokomotive der Serie U-2-g, Baujahr 1942

GROSSBRITANNIEN

3 **Maschinen von Dünkirchen:**
Lokomotive der South Eastern and Chatham Railway (S.E. & C.R.), Serie E

GROSSBRITANNIEN

4 **Maschinen von Dünkirchen:**
Lokomotive der „King Arthur"-Serie, Achsfolge 2'C

5 **Britisches Verteidigungsministerium:**
Die „Dean Goods" der Great Western Railway, Achsfolge C; 1940 für militärische Aufgaben ausgerüstet

GROSSBRITANNIEN

6 **Britisches Verteidigungsministerium:**
Die erste 1′D-Lokomotive, Baujahr 1940, gebaut von Stanier

USA

7 **Pennsylvania Railroad:**
Schnellzuglokomotive mit der Achsfolge 2′B-B2′, Baujahr 1942

USA

8 **Pennsylvania Railroad:**
Schnellzuglokomotive mit kondensationsfreier Getriebeturbine,
Achsfolge 3′D3′, Baujahr 1944

USA

9 **Union Pacific Railroad:**
Die Schnellgüterzuglokomotive „Big Boy“ von 1941,
Achsfolge 2′D-D2′

USA

10 **Nashville, Chattanooga and St. Louis Railroad:**
2′D2′-Lokomotive der Serie J3, genannt „Yellow Jacket“

USA

11 **St. Louis–San Francisco Railroad:**
Dieselelektrische Lokomotive

USA

12 **Western Pacific Railroad:**
Ein moderner Luxus-Reisezugwagen

13 **Chesapeake and Ohio Railroad:**
Typischer amerikanischer Rundschuppen

SPANIEN

14 **Red Nacional de Ferrocarriles:**
Kesselwagen

USA

15 **St. Louis–San Francisco Railroad:**
Spezialtransporter für Personenautos, mit drei Ladeflächen

USA

16 **Norfolk and Western Railroad:**
Großraumwagen für den Transport von Koks

USA

17 **Norfolk and Western Railroad:**
Ein neuzeitlicher Bremswagen

GROSSBRITANNIEN

18 **Southern Railway:**
Lokomotive der Serie Q1 des Sparprogramms von 1942 („Austerity"); Achsfolge C

DEUTSCHLAND

19 **Deutsche Bundesbahn:**
1'E-Mehrzweck-Lokomotive der Sparprogramm-Baureihe 52

20 **Deutsche Bundesbahn:**
Dreizylinder-Schnellzuglokomotive der Baureihe 10,
Achsfolge 2′C1′

USA

21 **In den USA gebaute 1′D-„Austerity“:**
Eine Lokomotive für den Einsatz in Großbritannien und den
europäischen Kriegsgebieten

SPANIEN

22 **Red Nacional de Ferrocarriles:**
Vierzylinder-Verbundlokomotive für Personenzugbetrieb, Achsfolge 2′D1′

SCHWEDEN

23 **Statens Järnvägar:**
1′C2′-Tenderlokomotive der Serie S1, Baujahr 1952

USA

24 **Chesapeake and Ohio Railroad:**
Stromlinien-Schnellfahrlokomotive mit der Achsfolge 2′C2′

ENGLAND

25 **Southern Railway:**
Lokomotive der ,,West Country"-Klasse mit der Achsfolge 2′C1′

ARGENTINIEN

26 **General-Roca-Bahn:**
Mehrzweck-Lokomotive mit der Achsfolge 2'D

IRLAND

27 **Great Northern Railway:**
Leichte Lokomotive für Nebenstrecken, Achsfolge 2'B

AUSTRALIEN

28 **New South Wales Government Railways:**
Schnellzuglokomotive der Baureihe C38,
Bauart „Pacific" (2'C1')

GROSSBRITANNIEN

29 **Britisches Verteidigungsministerium:**
Mehrzweck-Lokomotive des Austerity-Programms,
Achsfolge 1'E

GROSSBRITANNIEN

30 **London and North Eastern Railway:**
Lokomotive der Baureihe K1, Achsfolge 1'C

GROSSBRITANNIEN

31 **Erste britische dieselelektrische Lokomotive für Hauptlinien:**
Die Nr. 10000 der London, Midland and Scottish Railway (L.M.S.R.)

IRLAND

32 **Great Northern Railway:**
Dreizylinder-Schnellzuglokomotive mit Einfachexpansion, Achsfolge 2′B

KANADA

33 **Canadian Pacific Railway:**
Mehrzweck-Lokomotive der Serie G5, Bauart „Pacific" (2′C1′), Baujahr 1946

34 **Wappen der New South Wales Government Railways**

35 **Wappen der Western Australian Government Railways**

36 **Wappen der Victorian Railways**

37 **Wappen der South Australian Railways**

SÜDAFRIKA

38 **South African Railways:**
Lokomotive der Serie GMAM, Bauart ,,Beyer-Garratt"
mit der Achsfolge 2′D1′-1′D2′

SÜDAFRIKA

39 **South African Railways:**
Lokomotive der Baureihe 25 mit Kondensationstender,
Achsfolge 2′D2′

AUSTRALIEN

40 **New South Wales Government Railways:**
Beyer-Garratt-Lokomotive der Baureihe AD60,
Achsfolge 2′D2′-2′D2′

AUSTRALIEN

41 **Western Australian Government Railways:**
1′D1′-Güterzuglokomotive der Serie V, gebaut 1955

42 **Queensland Government Railways:**
Lokomotive der Bauart „Beyer-Garratt" mit der Achsfolge 2′D1′-1′D2′

AUSTRALIEN

43 **Western Australian Government Railways:**
2′D1′-Lokomotive der Serie W für leichten Betrieb

GROSSBRITANNIEN

44 **London and North Eastern Railway:**
Lokomotive der „Pacific"-Bauart (2'C1'), Serie A2,
gebaut 1947 von A.H. Peppercorn

GROSSBRITANNIEN

45 **British Railways:**
Lokomotive der „Duchess"-Klasse von Stanier, eingesetzt
im Bereich London–Mittelengland; Achsfolge 2'C1'

46 **Great Western Railway:**
Maschine der „County"-Klasse mit der Achsfolge 2′C,
Baujahr 1945

GROSSBRITANNIEN

47 **British Railways:**
Lokomotive der abgewandelten „Merchant Navy"-Klasse,
eingesetzt in Südengland; Bauart „Pacific" (2′C1′)

1

2

3

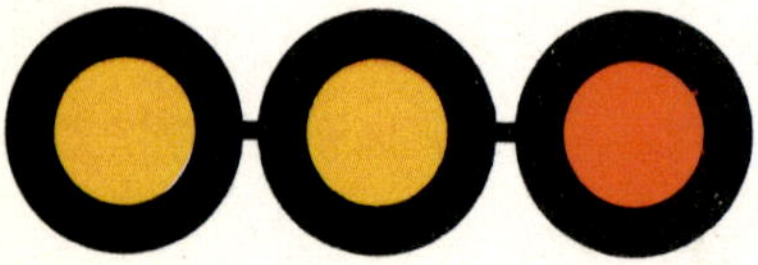
4

5

6

7

8

9

10

11

12

13

48 **Canadian National Railways:**
Begriffe von Farblichtsignalen

GROSSBRITANNIEN

49 **British Railways:**
In Südengland eingesetzte elektrische Lokomotive für 675 V Gleichstrom; Achsfolge Bo′Bo′

SCHWEIZ

50 **Bern–Lötschberg–Simplon-Bahn:**
Elektrische Lokomotive der Baureihe Ae 4/4 II, Achsfolge BoBo

SCHWEIZ

51 **Schweizerische Bundesbahnen:**
Elektrische Lokomotive der Baureihe Ae 6/6, Achsfolge CoCo

FRANKREICH

52 **Société Nationale des Chemins de fer Français:**
Die elektrische Schnellfahrlokomotive der Baureihe 7000, Achsfolge CoCo

FRANKREICH

53 **Société Nationale des Chemins de fer Français:**
Schnellzuglokomotive der Baureihe 241.P, Achsfolge 2′D1′

FRANKREICH

54 **Société Nationale des Chemins de fer Français:**
Prototyp der Dreizylinder-Verbund-Schnellzuglokomotive mit der Achsfolge 2′D2′

55 **Société Nationale des Chemins de fer Français:**
Vierzylinder-Verbundlokomotive der Baureihe 232.U1,
Achsfolge 2′C2′

56 **Société Nationale des Chemins de fer Français:**
Lokomotive der Baureihe 141.R für Mehrzweckbetrieb,
Achsfolge 1D1′

GROSSBRITANNIEN

57 **British Railways:**
Standardlokomotive der Baureihe 7, genannt „Britannia";
Bauart „Pacific" (2′C1′)

GROSSBRITANNIEN

58 **British Railways:**
Standardlokomotive der Baureihe BR4 für Mehrzweckbetrieb,
Achsfolge 1′C

59 **British Railways:**
Standardlokomotive der Baureihe BR9 für Güterschnellverkehr, Achsfolge 1'E

GROSSBRITANNIEN

60 **British Railways:**
2'C-Mehrzweck-Lokomotive der Serie „Black Five" mit einer Ventilsteuerung nach Caprotti; eingesetzt im Bereich London–Mittelengland

TÜRKEI

61 **Türkische Staatsbahnen:**
Mehrzweck-Lokomotive der Baureihe 56001, Achsfolge 1′E

DEUTSCHLAND

62 **Deutsche Bundesbahn:**
Mehrzweck-Lokomotive der Baureihe 23, eingeführt 1953;
Achsfolge 1′C1′

TSCHECHOSLOWAKEI

63 **Tschechoslowakische Staatsbahnen:**
Schnellzuglokomotive der Serie 498.1, Achsfolge 2′D1′

DDR

64 **Deutsche Reichsbahn:**
Eine umgebaute Lokomotive der Reihe 01,
Bauart „Pacific“ (2′C1′)

GROSSBRITANNIEN

65 **British Railways:**
Dieselelektrische Lokomotive der B.R.-Klasse 40, Typ 4,
gebaut von der English Electric Company

GROSSBRITANNIEN

66 **British Railways:**
Dieselhydraulische Lokomotive der B.R.-Klasse 52,
eingesetzt in Westengland

67 **British Railways:**
Prototyp der dieselelektrischen Lokomotiven von der „Deltic"-Klasse, gebaut von der English Electric Company

68 **Great Western Railway:**
Gasturbinen-Versuchslokomotive mit einer Leistung von 2500 PS (1865 kW)

69 **Wappen der Rhodesia Railways**

SÜDAFRIKA

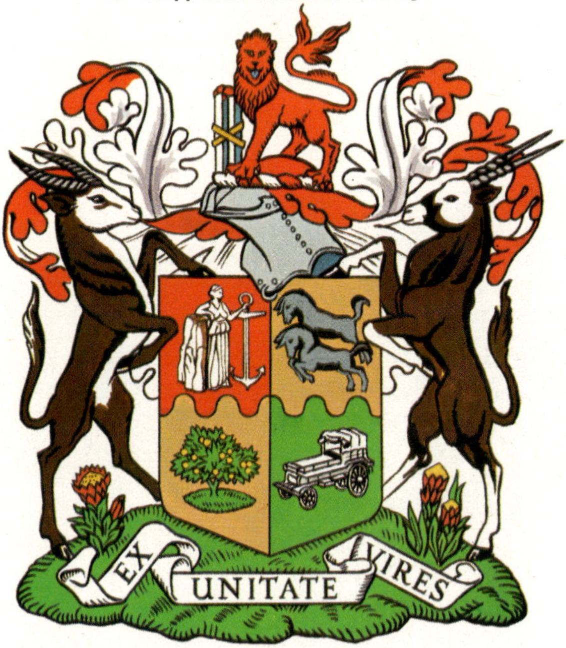

70 **Wappen der South African Railways**

MALAYSIA

71 **Malayan Railways:**
Wappen mit Helm, verliehen im Jahre 1957

GROSSBRITANNIEN

72 **British Railways:**
Das erste Hoheitszeichen

RHODESIEN

73 **Rhodesia Railways:**
Beyer-Garratt-Lokomotive der 20er-Klasse,
Achsfolge 2'D1'-1'D2'

NEUSEELAND

74 **New Zealand Government Railways:**
Dieselelektrische Lokomotive der Serie Da, Baujahr 1955

RHODESIEN

75 **Rhodesia Railways:**
Vierter-Klasse-Reisezugwagen, eingesetzt auf Hauptstrecken

ANGOLA

76 **Benguela-Bahn:**
Holzbefeuerte Lokomotive mit der Achsfolge 2′D1′

GROSSBRITANNIEN

77 **British Railways:**
Elektrische Lokomotive vom Typ AL6 mit der Achsfolge Bo′Bo′, eingesetzt im Bereich London–Mittelengland

DEUTSCHLAND

78 **Deutsche Bundesbahn:**
Elektrische Schnellzuglokomotive der Baureihe E 10, Achsfolge Bo′Bo′, 4490 PS (3300 kW)

SCHWEIZ

79 **Rhätische Bahn:**
Elektrische Lokomotive der Baureihe Ge 6/6, Achsfolge BoBoBo

SÜDAFRIKA

80 **South African Railways:**
Elektrische Lokomotive der Baureihe 5E1 für Mehrzweckbetrieb auf Hauptstrecken

KENIA

81 **East African Railways:**
Beyer-Garratt-Lokomotive der 59er-Klasse, Achsfolge 2′D1′-1′D2′

SÜDAFRIKA

82 **South African Railways:**
2′D1′-Schnellzuglokomotive der Baureihe 23

KENIA

SÜDAFRIKA

83 **South African Railways:**
Lokomotive der Baureihe 24 für leichten Betrieb auf Nebenstrecken, Achsfolge 1′D2′

SÜDAFRIKA

84 **South African Railways:**
Neues Signalstellwerk in Kapstadt

FRANKREICH

85 **Société Nationale des Chemins de fer Français:**
Der neue Lokomotiv-Rundschuppen in Avignon

86 **Canadian National Railways:**
Wärterstellwerk an einem Ablaufberg im Verschiebebahnhof von Toronto

87 **Canadian Pacific Railway:**
Verschiebebahnhof St. Luc in der Nähe von Montreal

88 **Königliche Staatsbahnen von Thailand:**
Dieselhydraulische Schnellzuglokomotive

89 **Königliche Staatsbahnen von Thailand:**
Holzbefeuerte Schnellzuglokomotive der „Pacific"-Bauart, Achsfolge 2′C1′

MALAYSIA

90 **Malaiische Eisenbahnen:**
Dieselelektrische Lokomotive für den Einsatz auf Hauptstrecken; Leistung 1500 PS (1100 kW)

BURMA

91 **Burmesische Eisenbahn:**
Dieselhydraulische Mehrzweck-Lokomotive

FRANKREICH

92 **Société Nationale des Chemins de fer Français:**
Maschine der früheren Paris–Lyon–Méditerranée, eine umgebaute „Pacific" (2′C1′) der Klasse K

ITALIEN

93 **Ferrovie dello Stato:**
1′D-Lokomotive der Italienischen Staatsbahn mit Crosti-Kessel

DEUTSCHLAND

94 **Deutsche Bundesbahn:**
Einheits-Tenderlokomotive mit der Achsfolge 1′D2′, eingeführt nach dem Kriege

SPANIEN

95 **Red Nacional de Ferrocarriles:**
Schnellzuglokomotive mit der Achsfolge 2′D2′

INDIEN

96 **Indian Government Railways:**
Schwere Güterzuglokomotive der Einheitsklasse WG,
Achsfolge 1′D1′

INDIEN

97 **Indian Government Railways:**
Standardlokomotive der „Pacific"-Bauart (2′C1′), Baureihe YP,
Spurweite 1000 mm

98 **Indian Government Railways:**
Einheits-Schnellzuglokomotive der Baureihe WP,
Achsfolge 2′C1′

99 **Indian Government Railways:**
Elektrische Lokomotive für Hauptstrecken;
Leistung 3600 PS (2685 kW)

USA

100 **Union Pacific Railroad:**
Dieselelektrische Lokomotive der Baureihe GP.20;
Leistung 2000 PS (1470 kW)

BRASILIEN

101 **Brasilianische Zentralbahn:**
In den USA gebaute dieselelektrische Lokomotive der
Serie SD.18

USA

102 **Illinois Central Railroad:**
Dieselelektrische Mehrzweck-Lokomotive der Serie GP.40;
Leistung 3000 PS (2200 kW)

USA

103 **Atchison, Topeka and Santa Fe Railroad:**
Dieselelektrische Lokomotive der American Locomotive
Company (ALCO); Serie PA.1, Baujahr 1946

104 **Victorian Railways:**
Schnellzuglokomotive der Serie R, Achsfolge 2′C2′

105 **South Australian Railways:**
Die umgebaute 2′C1′-Lokomotive „Duke of Edinburgh“

AUSTRALIEN

106 **Tasmanian Government Railways:**
2′C1′-Lokomotive der Baureihe M, Baujahr 1951,
Spurweite 1067 mm

NEUSEELAND

107 **New Zealand Government Railways:**
Personenzug- und Mehrzweck-Lokomotive der Baureihe JA,
Achsfolge 2′D1′

DEUTSCHLAND

108 **Deutsche Bundesbahn:**
Dieselhydraulische Lokomotive V200, gebaut von der Krauss-Maffei AG

FRANKREICH

109 **Société Nationale des Chemins de fer Français:**
Dieselelektrische Lokomotive der Baureihe 68000

FINNLAND

110 **Valtion Rautatiet** (VR):
Dieselelektrische Lokomotive mit einer Leistung von 1900 PS (1415 kW), eingesetzt auf Hauptstrecken

DÄNEMARK

111 **Danske Statsbaner:**
Dieselelektrische Lokomotive mit einer Leistung von 1750 PS (1305 kW), eingesetzt auf Hauptstrecken

KANADA

112 **Canadian Pacific Railway:**
Dieselelektrische Lokomotive mit einer Leistung von 1500 PS (1100 kW)

KANADA

113 **Canadian Pacific Railway:**
Salonwagen mit Aussichtskuppel

114 **Pacific Great Eastern Railway:**
Dieselelektrische Lokomotive der Baureihe MLW,
Leistung 3000 PS (2200 kW)

KANADA

115 **Algoma Central Railway:**
Dieselelektrische Lokomotive der Baureihe GP.7;
Leistung 1500 PS (1100 kW)

JAPAN

116 **Japanische Staatsbahnen:**
Schnellzuglokomotive der Baureihe C51, Achsfolge 2′C1′

JAPAN

117 **Japanische Staatsbahnen:**
Dreizylinder-Schnellzuglokomotive der Baureihe C53,
Achsfolge 2′C1′

118 **Japanische Staatsbahnen:**
Personenzug-Tenderlokomotive der Baureihe C11, eingesetzt auf Nebenstrecken; Achsfolge 1'C2'

119 **Japanische Staatsbahnen:**
Leichte Personenzuglokomotive der Baureihe C57, Achsfolge 2'C1'

HOLLAND

120 **Nederlandse Spoorwegen:**
Elektrische Lokomotive mit der Achsfolge Bo'Bo'

FRANKREICH

121 **Société Nationale des Chemins de fer Français:**
Elektrische Schnellfahrlokomotive, ausgerüstet für die vier europäischen Bahnstromsysteme

FRANKREICH

122 **Société Nationale des Chemins de fer Français:**
Luxus-Reisezugwagen für den Trans-Europ-Express (TEE)

ITALIEN

123 **Ferrovie dello Stato:**
Der elektrische Luxus-Schnelltriebzug „Settebello“

GROSSBRITANNIEN

124 **London, Midland and Scottish Railway:**
Umgebaute Lokomotive der „Royal Scot"-Klasse,
Achsfolge 2′C

GROSSBRITANNIEN

125 **British Railways:**
Lokomotive der „King"-Klasse, Achsfolge 2′C,
eingesetzt in Westengland

126 **British Railways:**
Stromlinienverkleidete Schnellzuglokomotive der „Pacific“-Bauart (2′C1′), Klasse A4; eingesetzt in Ostengland

127 **British Railways:**
Schnellzuglokomotive der „Pacific“-Bauart (2′C1′), Klasse A3, eingesetzt in Ostengland

NEUSEELAND

128 **New Zealand Government Railways:**
Elektrische Lokomotive der Baureihe EW mit der Achsfolge Bo'Bo'Bo', Leistung 1800 PS (1340 kW)

AUSTRALIEN

129 **New South Wales Government Railways:**
Elektrische Lokomotive der Baureihe 46, eingesetzt auf Hauptstrecken

130 **Commonwealth Railways:**
Dieselelektrische Lokomotive mit einer Leistung von 1500 PS (1100 kW), gebaut von der General Motors Corporation (G.M.), USA

AUSTRALIEN

131 **Queensland Government Railways:**
Dieselelektrische Lokomotive mit der Achsfolge Co'Co', eingesetzt auf Hauptstrecken; Gewicht 90 t

USA

132 **Alaska Railroad:**
Mehrzweck-Lokomotive mit der Achsfolge 1′D, eingesetzt seit 1943

DDR

133 **Deutsche Reichsbahn:**
Schnelltriebzug mit dieselhydraulischem Antrieb

134 **Statens Järnvägar:**
Eine elektrische Lokomotive der Baureihe Dm3 mit einer Leistung von 9975 PS (7330 kW)

135 **Ferrovie dello Stato:**
Dieselelektrische Lokomotive der Baureihe D341

JAPAN

136 **Japanische Staatsbahnen:**
Diesel-Schnelltriebzug, bestehend aus mehreren Einheiten

JAPAN

137 **Japanische Staatsbahnen:**
Mehrzweck-Lokomotive der Baureihe D51, Achsfolge '1D1'

JAPAN

138 **Japanische Staatsbahnen:**
Schnellzuglokomotive der Baureihe C62, Achsfolge 2′C2′

JAPAN

139 **Japanische Staatsbahnen:**
Zwei elektrische Lokomotiven der Baureihe ED

AUSTRALIEN

140 **Victorian Railways und South Australian Railways:**
Erster-Klasse-Schlafwagen, eingesetzt im „Überland"-Verkehr zwischen Melbourne und Adelaide

DEUTSCHLAND

141 **Deutsche Bundesbahn:**
Zweigeschossiger Reisezugwagen für den Intercity-Verkehr

142 **Gornergrat-Bahn:**
Elektrischer Schienenbus

143 **Griechische Staatsbahnen:**
Luxus-Reisezugwagen mit Drehgestell-Radsätzen

ARGENTINIEN

144 **Empresa Ferrocarriles Argentinos:**
Erster-Klasse-Personenwagen, eingesetzt im Vorortverkehr

CHILE

145 **Chilenische Staatsbahnen:**
Elektrische Schnellzuglokomotive mit der Achsfolge Co'Co'

USA

146 **Southern Pacific Railroad:**
Zweigeschossiger Personenwagen für den Vorortverkehr von San Francisco

SPANIEN

147 **Red Nacional de Ferrocarriles:**
Elektrischer Triebwagen für 3000 V Gleichstrom

USA

148 **Louisville and Nashville Railroad:**
Lokomotive der Baureihe M1 von 1942, Achsfolge 1′D2′

USA

149 **Norfolk and Western Railroad:**
Verbund-Güterzuglokomotive der Bauart „Mallet“ mit der Achsfolge 1′D-D1′

150 **Denver and Rio Grande Western Railroad:**
Schnellzuglokomotive mit der Achsfolge 2′D2′

151 **Atchison, Topeka and Santa Fe Railroad:**
Schwere Güterzuglokomotive der Baureihe 5011,
Achsfolge 1′E2′

GROSSBRITANNIEN

152 **British Railways:**
Dieselelektrische Lokomotive des Einheitstyps 4, Baureihe 47

JAPAN

153 **Japanische Staatsbahnen:**
Der „Hikari", ein „Superexpreßzug" der Tokaido-Linie

1 **Southern Pacific Railroad** (USA): 2'D2'-Schnellzuglokomotive der Serie GS-4, verwendet für den „Daylight Express"

Während in der ersten Zeit die amerikanischen Lokomotiven eine stark verzierte Aufmachung hatten, fehlte ihnen später jegliche Art an Dekoration und sogar an Farbe. Aber in den Jahren nach 1930, als die Stromlinienform aufkam und die meisten Verwaltungen große Anstrengungen machten, das Reisen wieder attraktiv zu gestalten, wurden viele phantasiereiche Farbanstriche eingeführt. Von diesen war keiner auffallender als jener der 2'D2'-Lokomotiven, die den zwischen San Francisco und Los Angeles verkehrenden „Daylight Express" der Southern Pacific Railroad führten. Ganz abgesehen von ihrer äußerst schmuckvollen Farbe, hatten die Lokomotiven aber auch eine ausgezeichnete äußere Form; allgemein gesehen gehörten sie sowohl zu den schönsten als auch den stärksten Maschinen ihrer Bauart. – Die Zylinder hatten einen Durchmesser von 648 mm und einen Kolbenhub von 812 mm; die Treibräder maßen 2032 mm und der Kesseldruck belief sich auf 21,0 kp/cm² (207,0 N/cm²). Das Vorlauf-Drehgestell enthielt eine Zusatzpumpe. Unter Normalbedingungen betrug die Zugkraft, d.h. die höchste Anfahrzugkraft am Treibradumfang, 29400 kp (29,4 t); sie erhöhte sich bei Betrieb der Zusatzpumpe auf 35300 kp (35,3 t). Das Dienstgewicht der Maschine belief sich auf insgesamt 242 t, das Gewicht des Tenders mit allen Vorräten auf 159 t. Diese Lokomotiven, von denen die Lima Locomotive Works zwanzig Stück gebaut haben, hatten Ölfeuerung.

2 **Canadian National Railways:** 2'D2'-Lokomotive der Serie U-2-g, Baujahr 1942

Die Canadian National Railways entwickelten die Lokomotiven mit vier angetriebenen Achsen bis zu einem sehr hohen Grad an Stärke und Leistung, angefangen bei den 2'D1'-Maschinen der Baureihe U von 1923 bis zu jenen der Serie U-2-a von 1927 mit der Achsfolge 2'D2'. Die Ausführung dieser großen Lokomotiven wurde zur Baureihe U-2-g von 1942 weiterentwickelt, von der eine Maschine im Bild gezeigt ist. Die Nr. 6218 dieser Serie machte bei den Canadian National Railways im Jahre 1971 die letzten Fahrten. Insgesamt waren 35 Stück der Baureihe U-2-g gebaut worden. Die gewaltigen Maschinen hatten zwei Zylinder von je 648 mm Durchmesser und 762 mm Kolbenhub; der Treibraddurchmesser betrug 1854 mm und der Kesseldruck 17,5 kp/cm² (172,5 N/cm²). Nach ihnen kam noch eine weitere Variante, nämlich die Baureihe U-2-h der Jahre 1943/44, zwar mit denselben Grundabmessungen, jedoch verbessert in bestimmten Details. Diese letzte Serie umfaßte 30 Maschinen, die wie ihre Vorgängerinnen der Serie U-2-g von den Montreal Locomotive Works gebaut worden waren. Ihre höchst bemerkenswerte Arbeit verrichteten sie gewöhnlich für die sehr schweren Tagesschnellzüge zwischen Montreal und Toronto, wobei sie Lasten bis zu 1000 Tonnen bei Geschwindigkeiten von 130 bis 138 km/h auf ebener Strecke schleppten.

3 Maschinen von Dünkirchen:
Lokomotive der South Eastern and Chatham Railway (S.E. & C.R.), Serie E

Bei der Evakuierung des britischen Expeditionskorps von der französischen Küste bei Dünkirchen im Jahre 1940 waren die Truppentransporte auf den Eisenbahnlinien in Südengland ein ebenso entscheidender Teil der Operationen wie das Übersetzen der Soldaten über den Kanal. Gleichwohl waren jene Transporte glücklicherweise nicht den so unablässigen Angriffen des Gegners ausgesetzt. Jede Lokomotive, die noch einigermaßen intakt war, wurde aufgeboten, und so kam es, daß berühmte Veteranen ihren Platz neben moderneren Lokomotivtypen einnahmen. Viele Soldaten, keineswegs nur die Eisenbahn-Enthusiasten, jubelten beim Anblick jener wohlgeformten, schmuck hergerichteten Maschinen, waren sie doch ein Zeichen dafür, daß – wie groß auch immer das Chaos über dem Kanal sein mochte - zu Hause alles noch in Ordnung war.
Wie schon in früheren Bänden dieser Serie gezeigt, gehörten die Maschinen der S.E. & C.R. zu denen in Großbritannien, die mit dem meisten Zierat überladen waren; zur Zeit der Southern Railways waren die berühmten Wainwrights der Serie E, obwohl sie nicht mehr die alte Aufmachung aus poliertem Messing und Kupferteilen zur Schau trugen, noch ansehnlich genug, als sie einige Züge mit Truppen aus Dünkirchen schleppten. Damals waren sie schon über dreißig Jahre alt, blieben aber noch während des ganzen Krieges im Einsatz, der größte Teil von ihnen sogar noch etwa zehn Jahre danach. Sie erreichten damit bei hervorragendem Dienst mehr als 45 Jahre. Das Bild zeigt eine der Lokomotiven, wie sie zur Zeit von Dünkirchen ausgesehen haben.

4 Maschinen von Dünkirchen:
Lokomotive der „King Arthur"-Serie, Achsfolge 2'C

Trotz des Erfolgs anderer Schnellzuglokomotiven der Southern Railways aus der Vorkriegszeit und der späteren Produktion der stromlinienverkleideten „Pacifics" von O.V.S. Bulleid werden die Maschinen der „King Arthur"-Serie immer zu den volkstümlichsten gehören, die jemals über die Schienen Südenglands gelaufen sind. Auch sie sollen an der Evakuierung des Expeditionskorps von Dünkirchen mitgeholfen haben. Die Maschinen mit den Zügen aus Dover und Folkestone gingen bis Redhill, wo frisch bevorratete Lokomotiven die Transporte für die Weiterfahrt übernahmen. Das Gebot der Stunde bei diesen Einsätzen erforderte es, daß keine Zeit mit dem Wenden der Maschinen vertan wurde. Viele von ihnen kehrten mit dem Tender voraus von Dover zurück, nachdem ihre Feuerung in Ordnung gebracht war und sie frisches Wasser getankt hatten. Normalerweise mußten zwei Rückfahrten mit einer Kohlenfüllung des Tenders gemacht werden, und dabei kam es oft vor, daß der Heizer die letzten Schaufeln voll verfeuerte, während man sich Redhill näherte. In den Maschinenhof von Redhill wurde so viel Asche gekippt, daß es ein ernstes Problem wurde, sie zu entfernen. Nie zuvor waren dort so viele Lokomotiven in so kurzer Zeit gewartet worden. – Das Bild zeigt eine Maschine der „King Arthur"-Serie mit dem malachitgrünen Anstrich, wie er nicht lange vor dieser Zeit für die größten Schnellzuglokomotiven der Southern Railways eingeführt worden war.

5 **Britisches Verteidigungsministerium:**
Die „Dean Goods" der Great Western Railway, Achsfolge C; 1940 für militärische Aufgaben ausgerüstet

Bei Beginn des Zweiten Weltkriegs wurden Ausrüstungen für das britische Expeditionskorps vorbereitet, das auf dem europäischen Kontinent im Einsatz war. Während die 1'D-Maschinen für den allgemeinen schweren Dienst als ideal angesehen wurden, bestand für Truppentransporte und ähnliche Aufgaben ein Bedarf an leichteren Einheiten. Hierfür wurde die stets beliebte „Dean Goods" der Great Western Railway bestimmt. Obwohl ihr Entwurf schon von 1883 stammte, wurde sie erfolgreich modernisiert, insbesondere durch den zusätzlichen Einbau eines Überhitzers; 1939 galt sie dann als eine der am leichtesten zu handhabenden und wirtschaftlichsten Mehrzweckausführungen in Großbritannien. Für den Einsatz auf dem Kontinent mußten die ausgewählten Maschinen mit der Westinghouse-Luftdruckbremse ausgerüstet werden. Das Bild zeigt ein Exemplar mit der bekannten Druckluftpumpe, seitlich an der Rauchkammer montiert, und dem Hauptdruckkessel über der Laufplanke. – Eine weitere Serie dieser Maschinen wurde für den Betrieb in Gegenden eingerichtet, wo Wasser nicht ohne weiteres verfügbar war. Sie erhielten deshalb Kondensationstanks sowie biegsame Rohre, um nötigenfalls Wasser aus Bächen und kleinen Flüssen neben dem Gleisstrang aufzunehmen.

6 **Britisches Verteidigungsministerium:**
Die erste 1'D-Lokomotive, Baujahr 1940, gebaut von Stanier

In den Anfangstagen des Zweiten Weltkriegs rechnete man mit langen Kämpfen entlang einer Front an den Grenzen von Frankreich und Deutschland, weshalb – auf Grund der Erfahrungen von 1914–1918 – Vorbereitungen getroffen wurden, Material für den militärischen Einsatz hinter dem britischen Abschnitt der Kampflinien bereitzustellen. So wurde die Staniersche „1'D" der London, Midland and Scottish Railway (L.M.S.R.) als Mehrzweck-Lokomotive vorgesehen, die im Transport schwerer Güterzüge und leichter Personenzüge bei mäßiger Geschwindigkeit in gleicher Weise erfolgreich war. An der Konstruktion wurden verschiedene Änderungen vorgenommen, damit sie sich für den Betrieb auf dem europäischen Kontinent eignete. Unter anderem erhielt sie die einheitliche französische Zug- und Stoßeinrichtung und die Westinghouse-Bremse. Aber die ersten Lokomotiven waren von der North British Locomotive Company

eben umgerüstet, als der dramatische Erfolg der deutschen Angriffe den Rückzug der britischen Truppen und die Räumung von Dünkirchen erzwang.
Jene Sonderausführungen des War Department mit der Achsfolge 1'D wurden später nach dem Nahen Osten verfrachtet, wo sie in Ägypten, Palästina und anderen Regionen ihren Dienst verrichteten. Als der Zeitpunkt kam, an dem die alliierten Streitkräfte zur Invasion in Europa antreten sollten, wurde eine andere Baureihe von 1'D-Maschinen entworfen. Sie wird unter Nr. 29 in diesem Buch behandelt.

7 **Pennsylvania Railroad** (USA): Schnellzuglokomotive mit der Achsfolge 2'B-B2', Baujahr 1942

Die Pennsylvania Railroad Company hatte eine sehr bemerkenswerte Liste an Entwicklungen von Dampflokomotiven aufzuweisen. Sie war eine der ganz wenigen amerikanischen Eisenbahngesellschaften, die in eigenen Fertigungsbetrieben bauen und eine individuelle Note herausbilden konnte, die sich von jener der anderen großen Lokomotivenhersteller deutlich unterschied. Schon frühere Bände dieser Buchreihe haben berühmte Entwürfe gezeigt und beschrieben, wie z.B. die „Pacific" der Baureihe K4 oder die Maschinen der Baureihe M-1-a, die sogenannten „Mountain". Die hier abgebildete Lokomotive war der Höhepunkt dieser Entwicklungslinie. Sie folgte auf den Bau einer noch größeren Versuchslokomotive mit starren Treibachsen (1939) und der Achsfolge 3'B-B3'. Die Maschinen von 1942 hatten vier Zylinder, und damit diese alle außen angeordnet werden konnten, teilte man den Antrieb auf jeweils zwei Kuppelachsen auf. Dementsprechend war der Kessel sehr groß: er führte einen Dampfdruck von 21,0 kp/cm^2 (207,0 N/cm^2). Die Rostfläche der Feuerbüchse, die natürlich mechanisch beschickt wurde, war 8,55 m^2 groß, und jeder Zylinder hatte 500 mm Durchmesser und 660 mm Kolbenhub. Die Treibräder wiesen einen Durchmesser von 2032 mm auf, und die Zugkraft belief sich auf 29 500 kp (29,5 t). Die Lokomotive allein wog 226 t, der gewaltige Tender voll beladen insgesamt 197 t. Sie war in der Lage, Züge von 1000 t mit 160 km/h auf ebener Strecke zu führen.

8 **Pennsylvania Railroad** (USA): Schnellzuglokomotive mit kondensationsfreier Getriebeturbine, Achsfolge 3'D3', Baujahr 1944

Im Jahre 1935 fügte Sir William Stanier, als er Chefingenieur der London, Midland and Scottish Railway (L.M.S.R.) war, den weit und breit bekannten „Pacific"-Maschinen der Baureihe „Princess Royal" eine Lokomotive mit Turbinenantrieb hinzu. Diese wurde in dem Band *Die Blütezeit der Dampfeisenbahn 1920–1940* bereits besprochen. Die Maschine war zwar recht erfolgreich, aber im Vergleich zu den normalen „Pacifics" nicht so wirtschaftlich im Betrieb, daß der Bau weiterer Exemplare gerechtfertigt gewesen wäre. 1944 unternahm die Pennsylvania Railroad Company einen ziemlich ähnlichen Versuch mit der Turbinenlokomotive, wie sie im Bild gezeigt ist. Diese, mit der Seriennummer 6200, wurde im regelmäßigen Verkehr für die gleichen Aufgaben eingesetzt wie die 2'B-B2' der Baureihe 5511 (Bild 7). Sie war auch noch größer und stärker als die soeben genannten Maschinen der konventionellen Technik: Gewicht der Lokomotive 264 t und des Tenders 193 t, Zugkraft 32000 kp (32 t). Dieses gewaltige Exemplar verrichtete wie seine Vorläuferinnen in England ausgezeichnete Arbeit. Aber die Lokomotive war eingeführt worden, als in den USA der Dampfbetrieb endgültig aufgegeben wurde. Leider ging von ihr kein bleibender Einfluß auf die Technologie der Zukunft aus.

9 **Union Pacific Railroad** (USA):
Die Schnellgüterzuglokomotive „Big Boy“ von 1941, Achsfolge 2'D-D2'

Der Union Pacific Railroad gebührt die Auszeichnung, die größten und schwersten Lokomotiven zu besitzen, die je gebaut wurden. Die Baureihe 4000, hergestellt von der American Locomotive Company (ALCO), war für den Schnellgüterverkehr vorgesehen, der über die historische erste Transkontinental-Hauptstrecke der USA lief. Die Zugkraft dieser Maschinen von rund 61400 kp (61,4 t) wurde von verschiedenen anderen Baureihen überboten, besonders deutlich von den „5000ern“ der Northern Pacific aus dem Jahr 1928. Aber als eine moderne Konstruktion mit einem Höchstmaß an Leistung blieben die „Big Boys“ auf ihrem speziellen Gebiet unübertroffen. Ihre Zylinder hatten einen Durchmesser von 603 mm und einen Kolbenhub von 813 mm, die Treibräder waren 1727 mm groß, und der Kesseldruck erreichte 21,0 kp/cm² (207,0 N/cm²). Die Rostfläche der Feuerbüchse war nicht kleiner als 14,0 m². Die Länge der Maschine über die Puffer betrug ganze 35,8 m! Allein ihr Gesamt-Dienstgewicht belief sich auf nicht weniger als 361 t, und der siebenachsige Tender wog weitere 198 t – „Big Boys“ in der Tat!

10 **Nashville, Chattanooga and St. Louis Railroad** (N.C. & St. L.) (USA):
2'D2'-Lokomotive der Serie J3, genannt „Yellow Jacket“

Die Nashville, Chattanooga and St. Louis ist eine der ältesten Eisenbahnlinien in den Südstaaten der USA; ihr erster Streckenabschnitt war 1849 eröffnet worden. Heute ist sie mit der großen Louisville and Nashville Railroad eng verbunden, und dadurch berührt die N.C. & St.L. auch die Stadt St. Louis. Ihre Hauptlinie verläuft über Atlanta (Georgia) ungefähr von Ost nach West, dann nordwestwärts nach Chattanooga und Nashville im Staat Tennessee, wo sie sich mit der Hauptlinie der Louisville and Nashville Railroad überschneidet. Danach setzt sich die N.C. & St.L. in fast genau westlicher Richtung nach Memphis (Tennessee) fort, das am Mississippi etwa 400 km südlich von St. Louis im Staat Missouri liegt.
1930 erhielt die N.C. & St.L. eine Lieferung von vier großen Lokomotiven mit der Achsfolge 2'D2'. Sie liefen so gleichmäßig und ruhig, daß man ihnen den Kosenamen „Gliders“ gab. Die Maschinen verrich-

teten ausgezeichnete Arbeit, aber erst als die Kriegsverhältnisse zusätzliche Leistungen erforderten, schaffte man weitere Einheiten an. Zehn neue Lokomotiven in einer verbesserten Ausführung wurden 1942 gekauft. Diese hatten als dekorative Note ein breites gelbes Band an der Längsseite von Maschine und Tender, was ihnen den Spitznamen „Yellow Jackets" („Gelbjacken") einbrachte. Das Bild zeigt die erste jener schönen Lokomotiven. Weitere zehn wurden 1943 dem Maschinenpark hinzugefügt. Eine davon ist erhalten und im Centennial Park in Nashville ständig zu sehen.

11 **St. Louis–San Francisco Railroad** (Frisco Lines) (USA): Dieselelektrische Lokomotive

Die Lokomotive, die das Bild zeigt, stellt ein typisches Beispiel dessen dar, was heute als die „erste Generation" von Dieseltriebfahrzeugen in den USA bezeichnet wird. Der Unternehmensbereich für Elektroantriebe der General Motors Corporation begann 1938 seine bemerkenswerte Produktionsserie von dieselelektrischen Einheitslokomotiven für Hauptstrecken mit der Maschine der Baureihe 567, die in Massenfertigung hergestellt wurde. Die Firma hatte ihre Konkurrenten beträchtlich aufgeschreckt, und um die Produktion zu rationalisieren und jede Fertigungsstätte während des Krieges bis zu ihrer höchsten Kapazität auszulasten, ordnete die US-Regierung an, daß alle Diesellokomotiven für Hauptstrecken ausschließlich von General Motors gebaut werden sollten. So entstanden im Jahre 1940 nicht weniger als 218 Einheiten. Im Gegensatz zu dem allgemeinen Schwarz der gewöhnlichen Dampflokomotiven in den USA waren die neuen Dieselmaschinen in lebhaften Farben gestrichen. Die aus zwei Einheiten bestehende Lokomotive, wie im Bild wiedergegeben, hat insgesamt vier Motoren von je 1000 PS (735 kW), jeder Motor zwölf in V-Form angeordnete Zylinder von 216 mm Durchmesser und 254 mm Kolbenhub. Beide Einheiten haben zwei dreiachsige Drehgestelle, von denen jeweils die vordere und hintere Achse angetrieben wird, während die mittlere als stützender Laufradsatz dient. Die Achsfolge jeder Einheit lautet demnach (A1A)'(A1A)'.

12 **Western Pacific Railroad** (USA): Ein moderner Luxus-Reisezugwagen

Die schönen, von der Budd Manufacturing Company zuerst eingeführten Reisezugwagen mit einer Blechverkleidung aus nichtrostendem Stahl sind bei den Eisenbahnen in vielen Teilen der Welt inzwischen zu einem vertrauten Anblick geworden. Der abgebildete Wagen wird auf der Linie des „California Zephyr" der Western Pacific Railroad eingesetzt. Diese Linie verläuft von Salt Lake City nach Westen durch die Staaten Utah und Nevada, erreicht Kalifornien in der Nähe von Herlong und wendet sich dann in südlicher Richtung nach Sacramento und San Francisco. Der Wagen ist mit einer Aussichtskuppel versehen, ursprünglich „Vistadom" genannt. Sie erlangte bei den Touristen eine so große Beliebtheit, daß die später gebauten Wagen noch mehr Sitzgelegenheiten in Aussichtskuppeln erhielten, kombiniert mit Büffet und Unterhaltungsraum. Wie das Bild zeigt, verleihen das Material und die Konstruktionsform dem Wagen eine echte Schönheit.

13 **Chesapeake and Ohio Railroad** (USA):
Typischer amerikanischer Rundschuppen

In den Anfängen der Eisenbahn überall in der Welt war die meistbevorzugte „Unterkunft" für Lokomotiven, die keinen Einsatz hatten, das „Rundhaus". Es ist um die Enden einer Reihe von Gleisen gebaut, die wie die Speichen eines Rades von einer in der Mitte gelegenen Drehscheibe ausgehen. In Großbritannien allerdings begann um die Jahrhundertwende der „Langhaustyp" des Lokomotivschuppens in Mode zu kommen. Der Längsschuppen wurde in späteren Jahren weiterentwickelt und an die „durchgehenden" Wartungseinrichtungen angepaßt, wobei die Lokomotiven am einen Ende des Schuppens einfahren und das Wartungspersonal sie bis zum anderen Ende für den nächsten Einsatz vorbereitet. Auf dem europäischen Kontinent und in Nordamerika blieb jedoch das Rundhaus die einheitliche Form des Schuppens; auch weiterhin errichtete man einige sehr interessante neue Gebäude, in denen die riesigen Lokomotiven abgestellt wurden. Das Bild zeigt einen sehr eindrucksvollen Rundschuppen der Chesapeake and Ohio Railroad, im Vordergrund eine der gewaltigen Güterzuglokomotiven in Gelenkbauweise nach Mallet, Achsfolge 1'C-C1'. Das Ausmaß des Gebäudes ist richtig einzuschätzen, wenn man die Länge über Puffer dieser Lokomotiven kennt: fünfunddreißig Meter und einundfünfzig Zentimeter! Ihr Gesamt-Dienstgewicht betrug 538 t!

14 **Red Nacional de Ferrocarriles** (RENFE) (Spanien):
Kesselwagen

In einer Zeit, in der die Überlandstraßen so vieler Länder in der Welt überfüllt sind mit Kraftfahrzeugen aller Arten, Größen und Ladekapazitäten, setzte sich zunehmend die Einsicht durch, daß die Eisenbahnen eine einzigartige Möglichkeit haben, Massengüter zu transportieren. Weiterhin: Je größer die Ladung ist, die ein einzelnes Fahrzeug aufnehmen kann, desto bequemer ist es, sie in Depots einzulagern, während die Fahrzeuge selbst – lange Rahmenkonstruktionen mit zweiachsigen Drehgestellen – zu eigenen Zügen zusammengestellt und mit der Geschwindigkeit von Personenzügen bewegt werden können. Dies wiederum vereinfacht den Betrieb auf den Strecken, da sich die Zahl der verschiedenen Zugfahrten verringern läßt. – Das Bild zeigt einen sehr elegant gestalteten Kesselwagen für flüssige Brennstoffe. Er hat ein Fassungsvermögen von 1050 Hektolitern und voll gefüllt ein Gesamtgewicht von rund 140 t.

15 **St. Louis–San Francisco Railroad** (Frisco Lines) (USA):
Spezialtransporter für Personenautos, mit drei Ladeflächen

Jenen Briten, die die Beschränkungen des englischen Lademaßes kennen, mag die Möglichkeit, Eisenbahnwagen mit drei Ladeflächen für Personenautos zu versehen, ziemlich abwegig erscheinen. In der Tat bedurfte es in Großbritannien einigen Einfallsreichtums im Fahrzeugbau, schon *zwei* Ladeflächen unterzubringen: Man setzte die untere Ladefläche so tief, daß sie auf der niederst möglichen Ebene zwischen den Drehgestellen des Wagens zu liegen kam. Bei der freizügigen amerikanischen und kanadischen Ladenorm sind keine derartigen Kunstgriffe erforderlich: Wie im Bild zu erkennen, ist auch die unterste der drei Ladeflächen auf der ganzen Länge eben. Allerdings legte man auf die Zug- und Stoßeinrichtung dieser riesigen Fahrzeuge ein besonders sorgfältiges Augenmerk, nicht nur hinsichtlich des regulären Transports unterwegs. Vor allem in Betracht gezogen werden mußte, daß die mit Autos beladenen Wagen durch vollmechanisierte Verschiebebahnhöfe mit Ablaufberg zu schleusen sind, die mit einem computergesteuerten Bremssystem arbeiten. Die Konstruktion dieser Pkw-Transportwagen entstand in Zusammenarbeit mit den Kraftfahrzeugherstellern.

16 **Norfolk and Western Railroad** (USA):
Großraumwagen für den Transport von Koks

Die Norfolk and Western Railroad Company ist eines der großen Kohletransportunternehmen im Osten der Vereinigten Staaten. Eine Zeitlang wehrte sie sich unerschütterlich dagegen, andere als kohlebefeuerte Lokomotiven zu benutzen. Obwohl sie einige Dieselloks für den Rangierdienst einführte, bestand die einzige Abkehr der Norfolk and Western vom traditionellen Dampfbetrieb im Erwerb einer sehr starken, kohlebefeuerten Gasturbinenlokomotive. Ihr Güterwagenpark war reichhaltig und spezialisiert, wofür der gedeckte Großraumwagen zum Transport von Koks ein charakteristisches Beispiel ist. Der Wagen wird von oben beladen und durch die seitlichen Schiebetüren gelöscht.

17 **Norfolk and Western Railroad** (USA):
Ein neuzeitlicher Bremswagen

Als eine Ergänzung zum Güterwagenmaterial dient der moderne Bremswagen, der mit jeder Annehmlichkeit für den Zugführer und die Bremser ausgestattet ist, die den Zug begleiten. Diese Bremswagen enthalten Schlaf- und Kochgelegenheiten. Bemerkenswert ist der Ausblick vom charakteristischen „Krähennest“ auf dem Dach.

18 **Southern Railway** (England):
Lokomotive der Serie Q1 des Sparprogramms von 1942 („Austerity“); Achsfolge C

Um das Jahr 1942 war der Begriff „Austerity“ (Sparmaßnahmen) ein Schlagwort in Großbritannien zur Zeit des Krieges. Alles wurde unternommen, um Metalle zu sparen. Eiserne Geländer und anderes Beiwerk wurde zu Schrott verarbeitet, und einfache Leute gaben alte Töpfe und Pfannen zum Einschmelzen weg.

Zu dieser Zeit wurden auf der Southern Railway neue Lokomotiven gebraucht, und zwar für den allgemeinen Dienst. O.V.S. Bulleid, damals der Chefingenieur, war einer der eigenwilligsten und erfinderischsten Konstrukteure. Er sah sich vor das Problem gestellt, eine stärkere Maschine zu bauen als die bereits existierende der Baureihe Q, ohne dabei das Gewicht zu erhöhen. Deshalb ließ er jedes Stück Metall wegfallen, das für die Funktion der Lokomotiven nicht erforderlich war. So gab es keine Laufstege mehr, keine Radkästen und keine Gußteile, wo es auch ein geschweißtes Bauelement getan hätte. Gemessen an allen älteren Lokomotiventwürfen, sah das Ergebnis gräßlich aus. Aber die Lokomotiven waren im Betrieb ausgezeichnet, und sie zogen tatsächlich die Aufmerksamkeit und das hohe Lob der Kriegsberichterstatter auf sich. Was also in anderen Jahren als eine Scheußlichkeit im Lokomotivbau verschrien worden wäre, wurde zu einem Vorbild patriotischer Eisenbahntechnik. – Es ist jedoch irgendwie bezeichnend, daß keine andere britische Eisenbahngesellschaft dieselbe Gesinnungsweise an den Tag legte.

19 **Deutsche Bundesbahn** (DB):
1'E-Mehrzweck-Lokomotive der Sparprogramm-Baureihe 52

Kurz vor Ausbruch des Krieges 1939 führte die Deutsche Reichsbahn, wie sie damals hieß, eine leichte Version ihrer starken 1'E-Güterzuglokomotiven der Baureihe 44 ein. Das war die Baureihe 50, die bereits in dem Band *Die Blütezeit der Dampfeisenbahn 1920–1940* beschrieben ist. Angesichts der Kriegsverhältnisse und besonders, um der extremen Kälte des Winters an der russischen Front Rechnung zu tragen, wurde 1942 eine Sparversion der Baureihe 50 hergestellt. Diese „52er“ war mit großem Geschick entworfen, mit einem Höchstmaß an Materialersparnis und einer möglichst kurzen Bauzeit. Und während die Maschinen der Baureihe 50 bei ihrem Gewicht von 87 t eine Zugkraft von 22 700 kp (22,7 t) hatten – also vergleichsweise äußerst stark waren –, konnte man nicht weniger als 26 t am Gesamtgewicht von Lokomotive und Tender einsparen. Es betrug 118 t gegenüber 144 t der Baureihe 50. Die Gewichtseinsparung ging auf Kosten jedes Bauteils, das bei einer Lokomotive für reine Kriegszwecke keine wesentliche Funktion zu erfüllen hatte, so z.B. der Windleitbleche, der durchgehenden Laufstege, des Speisewassererhitzers und anderer Zutaten. Am Ende waren mehr als 10 000 dieser Lokomotiven gebaut worden, viele davon in Österreich. Unser Bild zeigt eine der Maschinen, elegant aufgemacht im Nachkriegsstil der Deutschen Bundesbahn. Dennoch kann man sicher sein, daß sie in ihren ersten Tagen nicht so gefällig ausgesehen hat.

20 **Deutsche Bundesbahn** (DB):
Dreizylinder - Schnellzuglokomotive der Baureihe 10, Achsfolge 2'C1'

Diese gutaussehenden Dampflokomotiven gehören zu den allerletzten, die in der Welt konstruiert wurden. Bei ihnen hatte man darauf gesehen, die Wartungs- und Reparaturkosten

zu verringern und trotzdem alle wesentlichen Bestandteile einzubauen, die sich in der langen Geschichte der Lokomotiventwicklung als notwendig erwiesen haben. Bemerkenswert ist jedoch die eindrucksvoll elegante Linie und das Fehlen von technischem Beiwerk an der Seite des Kessels – Einrichtungen, die in manchen Kreisen als das wesentliche Kennzeichen „moderner" Leistungsfähigkeit angesehen wurden.
Die drei Zylinder hatten einen Durchmesser von 482 mm und einen Kolbenhub von 780 mm. Die Treibräder waren 2024 mm groß, und der Kessel erreichte einen Druck von 18,0 kp/cm² (176,6 N/cm²). Der Kessel war mit einer Verdampfungsoberfläche von 206,3 m² groß, der Überhitzer jedoch ebenso außergewöhnlich groß mit einer Heizfläche von nicht weniger als 105,6 m². Die Rostfläche betrug 4,0 m². Die Zugkraft der Lokomotive von 16 815 kp (16,8 t) war jener der größten britischen „Pacific"-Maschinen ungefähr gleichwertig. Ihre durchschnittliche Höchstgeschwindigkeit lag bei 140 km/h. Man kann es nur bedauern, daß diese schönen Lokomotiven so spät auf der Bildfläche der Eisenbahntechnik erschienen. Die erste von ihnen wurde 1956 bei Krupp in Essen gebaut.

21 **In den USA gebaute 1'D-„Austerity":**
Eine Lokomotive für den Einsatz in Großbritannien und den europäischen Kriegsgebieten

Um die Waffentransporte auf den britischen Eisenbahnen zu unterstützen und für die Invasion der alliierten Truppen auf dem europäischen Kontinent vorbereitet zu sein, bauten verschiedene amerikanische Hersteller die Sonderausführung einer Mehrzweck-Lokomotive. Sie hatte die Achsfolge 1'D und wurde in großen Mengen gefertigt. Die Maschinen waren eine bemerkenswerte Mischung britischer und amerikanischer Praxis. So hatten sie die britische Zug- und Stoßeinrichtung, sowohl die Westinghouse- als auch die Vakuumbremse, aber gleichermaßen auch so amerikanische Besonderheiten wie Barrenrahmen und eine Rauchkammer mit Rauchkammertür. Die erste dieser Lokomotiven kam 1942 in England an und wurde bei der Great Western Railway eingesetzt. Die Maschinen hatten einen Zylinderdurchmesser von 482 mm und einen Kolbenhub von 660 mm, die Treibräder maßen 1448 mm, und der Kesseldruck erreichte 15,8 kp/cm² (155,2 N/cm²). Der Kessel selbst war groß; die Feuerbüchse hatte eine Rostfläche von 3,81 m², so daß man nötigenfalls auch minderwertige Kohle verfeuern konnte. Das Dienstgewicht der Lokomotive betrug 73,5 t und mit Tender 133 t; ihre Zugkraft lag bei 15 440 kp (15,4 t). Diese Lokomotiven wurden 1943 und 1944 zu einem vertrauten Anblick bei der Great Western Railway, wo sie viel nützliche Arbeit verrichteten.

22 **Red Nacional de Ferrocarriles** (RENFE) (Spanien):
Vierzylinder-Verbundlokomotive für Personenzugbetrieb, Achsfolge 2'D1'

Diese höchst eindrucksvollen Lokomotiven stellten das Entwicklungsergebnis einer Konstruktion dar, die von der früheren spanischen Nordbahn herausgebracht wurde. Sie waren für die über starke Steigungen und Gefällstrecken führende Hauptlinie von Madrid bis zur Biskaya-Küste bestimmt. Angesichts der mühsamen Arbeit, die sie verrichten mußten, könnte man sie schwerlich als Schnellzuglokomotiven bezeichnen. Eine dieser Maschinen wurde von der Norte Compañía umgebaut; sie erhielt Ventile vom Typ „Dabeg“ und wurde so zum Prototyp der Baureihe, die 1946 bis 1948 bei Babcock & Wilcox in Bilbao entstand. Ursprünglich wurden sie auf dem bergigsten Teil der Hauptlinie nach dem Norden zwischen Avila und Irun eingesetzt, jedoch sind sie jetzt wegen der fortschreitenden Elektrifizierung weitgehend aus diesem Bereich verschwunden. Die Hochdruckzylinder der Lokomotive haben einen Durchmesser von 457 mm, die Niederdruckzylinder einen solchen von 697 mm; der Kolbenhub beträgt gemeinsam 680 mm. Die Treibräder sind 1753 mm groß, und das gesamte Dienstgewicht von Maschine und Tender liegt bei 186 t. Eine Anzahl dieser Lokomotiven ist jetzt in Saragossa stationiert. Von den insgesamt 29 Maschinen der Baureihe, einschließlich der 1930 von der Norte Compañía umgebauten, wurden vor einiger Zeit sechs auf Ölfeuerung umgestellt.

23 **Statens Järnvägar** (Schweden): 1'C2'-Tenderlokomotive der Serie S1, Baujahr 1952

Das Vorhandensein eines großen Potentials an Wasserkräften in Schweden führte zu umfangreichen Projekten der Eisenbahnelektrifizierung. Allerdings verblieben auch bestimmte Gebiete, in denen der Dampfbetrieb immer noch gewinnbringend sein konnte, sogar bis in die fünfziger Jahre hinein. So erhielt die bekannte Firma Nydqvist & Holm A.B. in Trollhättan – die NOHAB – ihren letzten Auftrag über Dampflokomotiven für die Schwedische Staatsbahn noch im Jahre 1952. Der Auftrag sah die Lieferung der hübschen kleinen 1'C2'-Tenderlokomotiven vor, von denen eine im Bild zu sehen ist. Das letzte Exemplar dieser Serie von dreißig Stück wurde 1954 fertiggestellt. Die Baureihe hat das charakteristische skandinavische Aussehen, wie es sich bei vielen Dampflokomotiven zeigte, die früher in Schweden und Norwegen liefen. Man entdeckt den Stil der Hersteller in der großen „Familienähnlichkeit“ zwischen diesen letzten schwedischen 1'C2'-Maschinen und einigen 1'C1'-Tenderlokomotiven, die 1919 für den Vorortsverkehr von Oslo gebaut wurden. Andere Kennzeichen der NOHAB sind der einfache, ofenrohrförmige Schornstein, das gemeinsame Gehäuse für Dampfdom und Sandkasten auf dem Kessel und die nach vorn abgeschrägte Oberkante der Seitentanks, so daß ein ungestörter Blick auf die Schienen unmittelbar voraus möglich ist.

24 **Chesapeake and Ohio Railroad** (USA):
Stromlinien - Schnellfahrlokomotive mit der Achsfolge 2'C2'

Die Chesapeake and Ohio Railroad

ist im wesentlichen eine der großen kohletransportierenden Gesellschaften der USA, und da sie die Versorgung mit Brennstoff ja zur Hand hatte, gehörte sie naturgemäß nicht zu den ersten amerikanischen Eisenbahnen, die zur Dieseltraktion übergingen. 1941 führte sie neue Schnellzuglokomotiven mit der Achsfolge 2'C2' ein, die Baureihe L2; eine weitere Serie dieser Maschinen wurde nach dem Krieg gebaut, und zwar 1948 von der Baldwin Locomotive Company. Zu derselben Zeit war die Verwaltung der Chesapeake and Ohio darauf bedacht, neue Schnellfahrzüge einzuführen. Hierfür tat sie den ungewöhnlichen Schritt, weder spezielle neue Lokomotiven zu kaufen noch die bestehenden 2'C2'-Maschinen entsprechend anzupassen, sondern fünf „Pacifics" umzubauen, die seit 1926 im Einsatz waren. Es war gewiß ein vollständiger Umbau, denn nur ein Teil des alten Kessels – in Verbindung mit einer neuen Feuerbüchse und einer neuen Rauchkammer – wurde wiederverwendet. Mit der Änderung der Achsfolge von 2'C1' auf 2'C2' baute man eine Zusatzpumpe ein, und der Vorderteil erfuhr eine völlige Modernisierung, indem man Scheibenventile für die Dampfverteilung vorsah. Die alten Schlepptender wurden beibehalten, wenngleich sie, wie erforderlich, eine Stromlinienverkleidung erhielten. Betrachtet man dies von allen Seiten, so war es ein äußerst bemerkenswerter Vorgang – so spät noch in der Geschichte der Dampflokomotiven, nämlich 1947. Er veranschaulicht das Vertrauen, das zu jener Zeit von den Eisenbahnen im Osten der Vereinigten Staaten nach wie vor in die Dampflokomotive gesetzt wurde. (Vgl. auch Nr. 149 über die Norfolk and Western Railroad.)

25 **Southern Railway** (England): Lokomotive der „West Country"-Klasse mit der Achsfolge 2'C1'

1941 hatte O.V.S. Bulleid, der auf Wirkung bedachte Chefingenieur der Southern Railway, die stromlinienverkleidete „Merchant Navy"-Klasse von „Pacific"-Lokomotiven gebaut. Obwohl für Mehrzweckbetrieb ausgelegt und unmittelbar zu einigen bestimmten, sehr schweren Kriegsnachschubdiensten herangezogen, enthielten diese Maschinen viele neuartige Merkmale. Mit ihnen beabsichtigte man, den Grundstock für eine Nachkriegsgeneration an Personenzuglokomotiven zu legen. Der Kessel war für die Befeuerung mit minderwertigen Brennstoffen konstruiert, das Ventilgetriebe in einem Ölbad völlig gekapselt, und viele Hilfsaggregate wurden angebracht, die die betriebliche Funktion der Lokomotive erleichtern sollten. Nach dem Krieg erhielt Bulleid die Genehmigung, eine kleinere und leichtere Version für den allgemeinen Dienst auf sämtlichen Hauptstrecken der Southern Railway zu bauen. Die erste Serie dieser 1945 eingeführten Maschinen erhielt die Namen von Städten und Ferienorten im westlichen England. Spätere Maschinen wurden dagegen nach prominenten Militärs aus der Kriegszeit und berühmten Flugzeuggeschwadern benannt; sie erlangten Bekanntheit als die Klasse „Battle of Britain" (Schlacht um England).

Wie die Maschinen der „Merchant Navy"-Klasse waren es sehr schnelle und starke Lokomotiven, denen aber in Verbindung mit den neuartigen Aggregaten gewisse Störungen anhafteten, in auffallendem Maße beim Ölbadgehäuse mit der speziellen Ventil-Radialsteuerung von Bulleid. Viele von ihnen wurden deshalb später umgebaut, wobei sie drei Sätze der bewährten Walschaert-Ventilsteuerung erhielten; außerdem verzichtete man auf die Stromlinienverkleidung (vgl. Nr. 47). – Wie ursprünglich gebaut, waren ihre Grundabmessungen diese: drei Zylinder zu je 416 mm Durchmesser und 610 mm Kolbenhub, Treibräder von 1880 mm Durchmesser, Kesseldruck 19,7 kp/cm² (193,2 N/cm²), Zugkraft 14 074 kp (rund 14,1 t).

26 **General-Roca-Bahn** (Argentinien):
Mehrzweck-Lokomotive mit der Achsfolge 2'D

Bis zum Ende des Zweiten Weltkriegs und den darauffolgenden grundlegenden Veränderungen in den weltpolitischen Verhältnissen war die Mehrzahl der Eisenbahnen in der Republik Argentinien britisches Eigentum. Aber als sie in nationalen Besitz übergingen, verschwanden auch die alten Namen, und solche von Militärpersonen traten an deren Stelle. Bei dieser Umwandlung erhielt die wohlbekannte Buenos Aires Great Southern Railway, größte und verkehrsreichste aller argentinischen Bahnen, den Namen „General Roca", und ihre alte und vertraute Kurzbezeichnung „die BAGS" war nicht mehr angebracht. Im Jahre 1949 erhielt die Vulcan Foundry eine Nachbestellung über Mehrzweck-Lokomotiven mit der Achsfolge 2'D. Vor dem Krieg hatte diese Firma Lokomotiven mit den Achsfolgen 2'C1' und 2'D, aber sonst ähnlichen Dimensionen für Schnellzug- bzw. Mehrzweckbetrieb geliefert. Besonders die 2'D-Maschinen waren sehr erfolgreich; sie schleppten sehr schwere Eilgüterzüge mit Südfrüchten. – Die neuen Lokomotiven von 1949 hatten ähnliche Abmessungen: Zylinder von 495 mm Durchmesser und 711 mm Kolbenhub, Treibräder von 1727 mm Durchmesser, einen Kesseldruck von 15,8 kp/cm² (155,2 N/cm²) und eine Zugkraft von 13 620 kp (13,6 t). Die Spurweite der General-Roca-Bahn entspricht dem argentinischen Standard von 1676 mm.

27 **Great Northern Railway** (Irland):
Leichte Lokomotive für Nebenstrecken, Achsfolge 2'B

In den ersten Jahren nach 1945 waren die Eisenbahnverwaltungen in aller Welt eifrig bemüht, die durch den Krieg bedingten Rückstände an Lokomotiven wieder wettzumachen und aufzufüllen. Die britische Lokomotivbauindustrie wurde mit einer reichen Vielfalt an neuen Entwürfen beauftragt, großen und kleinen. Zu den gefälligsten und in der Konstruktion herkömmlichsten (gemessen nach den früheren britischen Gepflogenheiten) gehörten diese leichten 2'B-Maschinen für den Einsatz auf Nebenstrecken; sie wurden 1948 von Beyer, Peacock & Co. gebaut. Die einzigen äußeren Merkmale, die sie von den älteren Lokomotiven der irischen Great Northern unterschieden, waren die nur teilweise abgeschlossenen Führerstände sowie die hochgezogenen Seitenwände der Schlepptender. Wie die Dreizylinder-Schnellzuglokomotiven für Hauptstrecken, die vom gleichen Hersteller kamen (Bild 32), hatten sie den lebhaften blauen Außenanstrich, wie er ursprünglich für die 2'B-Verbundmaschinen im Jahre 1935 gewählt worden war.

Die Hauptdaten der neuen 2'Bs für Nebenstrecken waren: Zylinder mit 457 mm Durchmesser und 610 mm Kolbenhub, Treibraddurchmesser 1753 mm, Zugkraft 7630 kp (7,6 t). Insgesamt gab es fünf Lokomotiven dieser Baureihe U. Sie wurden nach irischen Grafschaften benannt, die im Bereich der Great Northern liegen: *Meath*, *Louth*, *Armagh*, *Antrim*, und *Down*.

28 **New South Wales Government Railways** (Australien):
Schnellzuglokomotive der Baureihe C38, Bauart „Pacific" (2'C1')

Ende der dreißiger Jahre war es offenkundig geworden, daß die wirtschaftlichen und zuverlässigen 2'C-Maschinen der Baureihe C36 den Ladungen und erhöhten Geschwindigkeiten der zwischenstaatlichen und anderen Schnellzüge nicht mehr gewachsen waren. Deshalb nahm man die Konstruktion von „Pacifics" in Angriff (Achsfolge 2'C1'), die eine größere Leistung aufwiesen. Sie waren als sehr einfache, robuste Zweizylinder-Maschinen gebaut, mit einem absoluten Mindestmaß an zusätzlichen Vorrichtungen. Aber gemäß der vorherrschenden Mode der Zeit hatten fünf von ihnen eine Stromlinienverkleidung. Diese fünf Lokomotiven hat die Clyde Engineering Company in Sydney gebaut, während die übrigen 25 dieser Baureihe in den Werkstätten der New South Wales gefertigt wurden.

Sie hatten Zylinder von 546 mm Durchmesser und 660 mm Kolbenhub, 1752 mm große Treibräder, einen Kesseldruck von 17,2 kp/cm² (169,0 N/cm²) und eine Zugkraft von 16435 kp (16,4 t). – Wie alle „Pacifics" neigten sie dazu, beim Anfahren durchzudrehen (Schlupf), und die Lokomotivführer, die an die 2'C-Maschinen gewöhnt waren, hatten damit am Anfang einige Schwierigkeiten. Aber mit reichlichem Ablassen von Sand und bei zunehmender Erfahrung konnten sie dieses Problem weitgehend überwinden, so daß sie dann während 25 Jahren die wichtigsten Schnellzüge mit vollem Erfolg über die Strecke brachten. Trotz ihrer verhältnismäßig kleinen Treibräder, gedacht für schwere Arbeit an starken Steigungen, liefen die Lokomotiven sehr leicht an den günstigen Streckenabschnitten, wobei sie mühelos Geschwindigkeiten von mehr als 110 km/h erreichten. Sie wurden in Abständen zwischen 1943 und 1949 gebaut, und die letzten von ihnen taten noch bis 1969 ihren Dienst im regulären Personenzugverkehr.

29 **Britisches Verteidigungsministerium:**
Mehrzweck-Lokomotive des Austerity-Programms, Achsfolge 1'E

An anderer Stelle in diesem Buch ist auf verschiedene Lokomotivbaureihen Bezug genommen, die von mehreren am Zweiten Weltkrieg teilnehmenden Staaten speziell für den Kriegseinsatz entworfen bzw. zweckentsprechend abgeändert wurden. Nach dem Umbau der 1'D-Maschine der Baureihe 8F von der London, Midland and Scottish Railway (L.M.S.R.) benötigte man eine „Austerity" 1'D zum Einsatz bei den britischen Truppen für die Landung auf dem Kontinent; sie war schon lange vorher geplant und schließlich 1944 verwirklicht worden. Die britische „Austerity" mit der Achsfolge 1'D hatte im allgemeinen eine ähnliche Leistung wie die amerikanische (s. Bild 21); aber entworfen nach den üblichen britischen Normen, hielt man bei ihr strengste Wirtschaftlichkeit im Materialverbrauch ein. Nachdem er eine hervorragende 1'D-Maschine gebaut hatte, war R.A. Riddles, seinerzeit stellvertretender Direktor der Royal Engineer Equipment (Kgl. Institut für technische Ausrüstung), der Meinung, daß für lange, kontinuierliche Transporte eine größere Version ebenso wünschenswert erschien. Daraufhin wurde die abgebildete 1'E-Maschine gebaut. Sie hatte die gleichen Zylinder und das nämliche Getriebe wie die 1'D-Maschinen, aber einen viel größeren Kessel und eine geräumigere Feuerbüchse; auch erwies sie sich als wesentlich leistungsfähiger hinsichtlich der Dampf-Erzeugung. – Die Zylinder hatten einen Durchmesser von 483 mm und einen Kolbenhub von 660 mm; die Treibräder maßen 1435 mm, der Kesseldruck belief sich auf 15,8 kp/cm² (155,2 N/cm²) und die Zugkraft auf 15534 kp (15,5 t).

Alle Lokomotiven dieser Fertigungsserie erhielten einen grauen Anstrich. Nur eine von ihnen wurde der Longmoor Military Railway in der Nähe von Liss in der Grafschaft Hampshire zugewiesen. Sie hatte den Namen „Gordon" und war in den Farben gestrichen, wie sie das Bild zeigt.

30 **London and North Eastern Railway** (England):
Lokomotive der Baureihe K1, Achsfolge 1'C

Nach dem Tode von Sir Nigel Gresley, Chefingenieur der London and North Eastern Railway (L.N.E.R.), im Jahre 1941 legte sein Nachfolger, Edward Thompson, die Grundzüge für eine Nachkriegspolitik im Lokomotivbau in einem sehr einfachen Entwurf einer Maschine mit zwei Zylindern nieder. Er ließ sich auf Tenderlokomotiven der Achsfolgen 1'C, 1'C2', 2'C und 1'D anwenden, und zwar mit einheitlichen Zylindern jeweils gleicher Größe. Außerdem benutzte er vorhandene Einheitskessel weiter, die sich als zuverlässig herausgestellt hatten. Die 1'C-Maschine der Baureihe K1, die Gegenstand dieser Beschreibung ist, wurde aus der „K4" Gresleys weiterentwickelt, die zwar ähnlich war, aber drei Zylinder und die Gresleysche gekoppelte Ventilsteuerung hatte, die die Spindel des mittleren Zylinders betätigt. Die „K1" erwies sich als eine sehr starke und zuverlässige Konstruktion; von dieser Baureihe war eine große Zahl in Produktion, als die britischen Eisenbahnen 1948 verstaatlicht wurden.

Das Bild zeigt eine der jüngeren Lokomotiven der Baureihe K1 in der Aufmachung der Mehrzweck- und Güterzuglokomotiven der staatlichen Eisenbahn. Ihre Hauptdaten waren: Zylinder mit 508 mm Durchmesser und 660 mm Kolbenhub, Treibräder mit 1575 mm Durchmesser, gesamte Heizfläche 158,6 m², Rostfläche 2,6 m², Kesseldruck 15,8 kp/cm² (155,2 N/cm²) und Zugkraft 14565 kp (rund 14,6 t).

31 **Erste britische dieselelektrische Lokomotive für Hauptlinien:**
Die Nr. 10000 der London, Midland and Scottish Railway (L.M.S.R.)

Die sehr schnelle Einführung der dieselelektrischen Traktion in den Vereinigten Staaten, die vor dem Krieg begonnen hatte und danach mit immer stärkerem Schwung weiterging, wurde von den britischen Ingenieuren mit sehr viel Interesse beobachtet. Sie hegten aber einige Zweifel, ob die Dieseltraktion zu einer Zeit strenger Sparmaßnahmen in Großbritannien nach dem Kriege wirtschaftlich gerechtfertigt gewesen war. Bei der L.M.S.R. entschloß sich der Chefingenieur, H.G. Ivatt, zu einer umfassenden Versuchsreihe zwischen Diesel- und Dampftraktion. So baute er gleichzeitig zwei dieselelektrische Schnellzuglokomotiven und einige neue Dampflokomotiven der bewährten „Duchess"-Klasse von Stanier mit der „Pacific"-Achsfolge 2'C1'; außerdem versah er sie mit vielen zusätzlichen technischen Einzelheiten.
Die dieselelektrischen Lokomotiven wurden in Zusammenarbeit mit der English Electric Company entworfen, die auf diesem Gebiet bereits beträchtliche Erfahrungen gesammelt hatte und tatkräftig einen Exportmarkt für Diesellokomotiven aufbaute. Die erste Dieselmaschine der L.M.S.R. war 1947 fertig, kurz vor der Verstaatlichung, und dieses Ereignis kam den ursprünglich beabsichtigten Vergleichstests zuvor. Die Nr. 10000 hatte nur eine bescheidene Stärke. Sie wurde deshalb zusammen mit der zweiten Dieselmaschine, der Nr. 10001, im Doppelgespann für Aufgaben verwendet, bei denen die maximale Leistung der „Pacifics" von der „Duchess"-Klasse erforderlich war. – Die beiden Diesellokomotiven waren von großer Bedeutung, da sie die Vorläuferinnen des sehr erfolgreichen Typs 4 waren, der 1958 eingeführten Maschinen der British Railways (vgl. Nr. 65).

32 **Great Northern Railway** (Irland):
Dreizylinder-Schnellzuglokomotive mit Einfachexpansion, Achsfolge 2'B

Diese internationale Eisenbahn in Irland, die mit ihrer wichtigsten Strecke die beiden Hauptstädte Dublin und Belfast verbindet, führte 1932 einige große Dreizylinder-Verbundlokomotiven der Bauart 2'B ein. Deren mechanische Auslegung ging unmittelbar auf die berühmten Dreizylinder-Verbundmaschinen der Midland Railway zurück. Die irischen Verbundlokomotiven verrichteten gute Arbeit; sie erwiesen sich als sehr stark auf Steigungen und waren sehr schnell, wo es die entsprechenden Streckenabschnitte zuließen. Als nach dem Zweiten Weltkrieg weitere neue Lokomotiven gebraucht wurden, konstruierte jedoch H.R. McIntosh, der Lokomotivbauingenieur, statt dessen einige 2'B-Dreizylindermaschinen ähnlicher Leistung, aber mit Einfachexpansion. Von den Vorkriegs-Verbundmaschinen unterschieden sie sich darin, daß sie Belpaire-Feuerbüchsen hatten anstatt solchen mit abgerundeter Oberfläche. Fünf der neuen Maschinen wurden gebaut, wie bisher von Beyer, Peacock & Co. Sie hatten Zylinder von 388 mm Durchmesser und 660 mm Kolbenhub, Treibräder von 2006 mm Durchmesser, einen Kesseldruck von 15,5 kp/cm² (151,8 N/cm²); die Zugkraft betrug 9750 kp (9,75 t). Das Dienstgewicht der Maschinen allein belief sich auf 67,5 t. Sie hatten Namen von irischen Flüssen: *Liffey*, *Boyne*, *Lagan*, *Foyle* und *Erne*.

33 **Canadian Pacific Railway:**
Mehrzweck-Lokomotive der Serie G5, Bauart „Pacific" (2'C1'), Baujahr 1946

In früheren Bänden dieser Buchreihe ist schon beschrieben worden, wie die Canadian Pacific Railway ihren Lokomotivenpark entwickelte, um mit den zahlreichen schweren Betriebsbedingungen und unterschiedlichen Einflüssen fertigzuwerden – an ihrer ungeheuerlich langen Hauptstrecke „von Meer zu Meer", wie es ein Werbeslogan ausdrückte. Von den „Pacific"-Maschinen, die mehr als sechzig Jahre zurücklagen, stammten die „Hudsons" mit ihrer allmählich zunehmenden Stärke und Leistungsfähigkeit ab, Speziallokomotiven von gigantischen Ausmaßen und der Achsfolge 1'E2', die für die Strecken über die Rocky Mountains benötigt wurden. Kanada war so schlimm wie jedes andere Land von der langen Wirtschaftskrise der dreißiger Jahre getroffen worden, so daß die Canadian Pacific ihren allgemeinen Lokomotivenpark nur wenig erweitern konnte. Die älteren und kleineren Lokomotiven mußten weiterbetrieben werden. Nach dem Krieg war eine Ergänzung dringend nötig, und so wurde die neue, völlig moderne Konstruktion einer kleinen „Pacific" eingeführt. Klein waren die Lokomotiven nach kanadischen Maßstäben, hatten aber nichtsdestoweniger die Zugkraft der englischen „Pacifics" der Baureihe A3 von Gresley. Die kanadischen Maschinen hatten zwei Zylinder mit 508 mm Durchmesser und 711 mm Kolbenhub, Treibräder mit 1778 mm Durchmesser, einen hohen Kesseldruck von 17,5 kp/cm² (172,5 N/cm²) und eine Zugkraft von 15400 kp (15,4 t). Sie erwiesen sich als ebenso schnell und leistungsfähig wie schön. Auf vielen zweitrangigen Strecken der Canadian Pacific Railway wurden sie zugunsten des Dieselbetriebs ausgemustert.

34–37 **Hoheitszeichen australischer Eisenbahngesellschaften**

In den Tagen der alten Eisenbahngesellschaften von Großbritannien war eines der charakteristischsten und dekorativsten Kennzeichen an der Mehrzahl der Lokomotiven und Wagen das Wappen der jeweiligen Gesellschaft. Diese Gepflogenheit wurde nur von wenigen Eisenbahnen in der Welt nachgeahmt, auch selten von solchen, die britisches Eigentum waren oder noch eine starke Bindung an England hatten. Dennoch benutzten einige Gesellschaften immerhin sehr gefällige Sinnbilder auf ihren Briefköpfen, Geschäftsberichten und anderen Dokumenten.

In Australien werden die Eisenbahnen in den verschiedenen Bundesstaaten ziemlich unabhängig voneinander verwaltet und betrieben, obgleich sie im zwischenstaatlichen Verkehr eng zusammenarbeiten und durch die australisch-neuseeländische Eisenbahnkonferenz einen gewissen Grad der Koordination ihrer Geschäftspolitik wahren. Die Hoheitszeichen der Staatseisenbahnen in Australien enthalten das Wahrzeichen des jeweiligen Staates entweder als Ganzes oder nur Teile davon, wie sie auch mehr oder weniger in die Staatsflaggen eingefügt sind.

Das Wappen der New South Wales Government Railways (Bild 34) ist das gleiche wie das des Staates New South Wales selbst. Der Schild wird durch das St.-Georgs-Kreuz von England viergeteilt, und die Gevierte enthalten die Symbole für Wolle und Weizen. Er wird gehalten von einem Löwen und einem Känguruh. Das Motto *Orta recens quam pura nites* lautet: Obgleich noch jungen Ursprungs, wie glänzt du so rein. – Der Staat Victoria verwendet als Symbol das Sternbild „Kreuz des Südens", und dies ist auch im Wappen der Victorian Railways enthalten (s. Bild 36).

Jahrhunderte ehe der weiße Mann die fernen Landstriche von Westaustralien entdeckte, glaubten nicht nur Dichter, sondern auch einige Naturforscher an die Existenz von schwarzen Schwänen; sie konnten das allerdings nie bestätigen. Und als die ersten Forschungsreisenden sie wirklich zu Gesicht bekamen, war es nur natürlich, daß der schwarze Schwan das Wahrzeichen von Westaustralien wurde; auf den Briefmarken dieses Staates wird er schon seit mehr als fünfzig Jahren abgebildet. Die Western Australian Government Railways führt den schwarzen Schwan in auffälliger Weise in ihrem Wappen (Bild 35) und gleichzeitig die Schildfiguren des Vereinigten Königreiches. Der Schild ist von einem Band umgeben mit dem Motto des Hosenbandordens als Inschrift, darüber die königliche Krone. – Die South Australian Railways verwenden eine einfache kreisrunde Plakette, die in heraldischer Manier einen anderen einheimischen Vogel zeigt, den weißrückigen schrillen Würger (Nr. 37).

38 **South African Railways:**
Lokomotive der Serie GMAM, Bauart „Beyer-Garratt" mit der Achsfolge 2'D1'-1'D2'

Die stattlichen Dampflokomotiven dieser Bauart bilden nicht nur eine sehr wichtige Ergänzung des Maschinenparks der südafrikanischen Eisenbahn, sondern stellen auch eine der bemerkenswertesten Produktionsleistungen der britischen Lokomotivbauindustrie dar. Ende 1955 nahmen Beyer, Peacock & Co. einen Auftrag über fünfunddreißig dieser großen Lokomotiven an, der mit der Bedingung verknüpft war, daß die

Lieferung innerhalb von sieben Monaten zu beginnen habe – eine anscheinend unerfüllbare Aufgabe. Jedoch dank einer großartigen Anstrengung in der Zusammenarbeit aller Beteiligten konnte die erste Lokomotive bereits einen Monat vor Ablauf des Termins unter Dampf gesetzt werden.
Die Maschinen haben Zylinder von 520 mm Durchmesser und 660 mm Kolbenhub, Treibräder von 1371 Durchmesser, einen Kesseldruck von 14,1 kp/cm² (138,0 N/cm²) und eine Anfahrzugkraft von 31 235 kp (31,2 t). Das Gesamt-Dienstgewicht beträgt 194 t. Auf den langen Fahrten durch wüstennahe Gebiete wird ein zusätzlicher Tankwagen mit Wasser angehängt, der ein Fassungsvermögen von 306 hl hat. Der Rauminhalt des Tanks auf der hinteren Antriebseinheit der Lokomotive beträgt 95 hl. Das Haupteinsatzgebiet dieser großen Garratt-Maschinen ist das westliche Transvaal mit den Strekken von Johannesburg und Pretoria bis Mafeking und weiter.

39 **South African Railways:**
Lokomotive der Baureihe 25 mit Kondensationstender, Achsfolge 2'D2'

Die Hauptlinie der Südafrikanischen Eisenbahnen verläuft auf ihrem Weg von Transvaal nach Süden durch Gegenden, wo frisches Wasser immer knapper wird. Mit wenigen Ausnahmen sind alle Züge südlich von Kimberley und auch noch weiter im Süden, wie in Beaufort West, dampfbetrieben. Die Frachten sind äußerst schwer. Aus diesen Gründen brauchte man Lokomotiven, die nicht nur eine große Zugkraft haben, sondern auch sehr wenig Wasser verbrauchen. Das Ergebnis waren die Lokomotiven der Baureihe 25 mit der Achsfolge 2'D2'. Sie könnten sich als eine Weiterentwicklung der sehr erfolgreichen Baureihe 15F bezeichnen lassen – siehe *Die Blütezeit der Dampfeisenbahn 1920–1940* –, die gleich große Zylinder und Treibräder hatte, nämlich mit 610 mm Durchmesser und 711 mm Kolbenhub bzw. 1524 mm im Durchmesser. Die 25er-Maschinen haben aber einen größeren Kessel und eine viel größere Feuerbüchse; ihr höherer Kesseldruck beträgt 15,8 kp/cm² (155,2 N/cm²) und ihre Anfahrzugkraft insgesamt 24 400 kp (24,4 t).
Um mit dem Wasserverbrauch haushalten, wurden neunzig dieser Lokomotiven mit einem Spezialtender ausgerüstet, wie ihn das Bild erkennen läßt, in dem der verbrauchte Dampf wieder zu Wasser kondensiert wird. Der Dampf gelangt von den Zylindern in eine Turbine, die einen Ventilator antreibt, der anstelle des normalen Luftstroms des Blasrohres arbeitet. Von diesem Turbinengebläse aus wird der ausgestoßene Dampf in Rohren an der Seite der Lokomotive zum Tender geführt, dort über einen Ölabscheider zu einer weiteren Turbine, die die Luftansaugventilatoren antreibt, und dann zu den Kondensationskühlern. Schließlich erreicht der Dampf die Kondensationselemente, die an beiden Seiten des Tenders montiert sind. Das Kondensat wird in einem Tank unterhalb des Tenderrahmens gesammelt und über eine von einer Heißdampfturbine ange-

triebene Kreiselpumpe in den Lokomotivkessel zurückgespeist.

40 **New South Wales Government Railways** (Australien):
Beyer-Garratt-Lokomotive der Baureihe AD60, Achsfolge 2'D2'-2'D2'

Die Eisenbahnen in Neusüdwales bewältigen einige sehr schwierige Transportaufgaben in ihrem regulären Frachtdienst. An der Hauptstrecke nach Westen liegt der ungewöhnlich starke Anstieg über die Blue Mountains, während auf der nördlichen Hauptstrecke nach dem Überqueren des Hawkesbury-Flusses die sehr schroffe Cowan-Kette zu erklimmen ist. 1952 lieferten Beyer, Peacock & Co. einige Garratt-Lokomotiven von außergewöhnlicher Größe und Stärke und mit einem Dienstgewicht von 260 t. Die vier Zylinder hatten einen Durchmesser von 488 mm und einen Kolbenhub von 660 mm; die Treibräder maßen 1397 mm, und der Kesseldruck erreichte 14,1 kp/cm^2 (138,0 N/cm^2). Diese Grundwerte ergaben eine Nenn-Anzugskraft von mehr als 27000 kp (27 t). Eingebaut wurden auch viele wichtige Funktionsteile, so z.B. ein mechanischer Kohlebeschicker – für den insgesamt 5,9 m^2 großen, kippbaren Rost –, eine selbstreinigende Rauchkammer und ein selbstreinigender Aschkasten. Ein besonders bedeutsames Konstruktionsmerkmal stellte der aus einem Stück bestehende Unterbau-Rahmen aus Gußstahl für die beiden Antriebseinheiten dar. – Diese großen Lokomotiven wurden erst vor kurzem ausgemustert. Sie gehörten zu den letzten Dampflokomotiven, die in Neusüdwales in regelmäßigem Einsatz waren.

41 **Western Australian Government Railways:**
1'D1'-Güterzuglokomotive der Serie V, gebaut 1955

Obwohl Westaustralien große Lagerstätten an Kohle im Raum von Collie südlich der Hauptstadt Perth besitzt, war dieser Bundesstaat mit der Anwendung von Diesellokomotiven recht frühzeitig auf dem Plan. Nichtsdestoweniger war es eine Frage der politischen Klugheit, einen beträchtlichen Grundstock an Dampflokomotiven beizubehalten. Zwei völlig neue Entwürfe mit den letzten Erkenntnissen in der Konstruktion wurden deshalb noch im Jahre 1955 eingeführt.
Die schweren Güterzuglokomotiven der Serie V für den Betrieb auf Hauptstrecken haben eine maximale Achslast von 15,3 t, ausgelegt für die Spurweite von 1067 mm. Ihre Zylinder haben einen Durchmesser von 483 mm und einen Kolbenhub von 660 mm; die Treibräder sind 1295 mm groß und der Kesseldruck erreicht 15,1 kp/cm^2 (148,4 N/cm^2). Die Maschinen sind mit einer Funkenlöscheinrichtung ausgestattet zur Sicherheit gegen Brände, die mit der Braunkohle von Collie leicht entstehen können. Während der langen, in Australien nicht ungewöhnlichen Dürreperioden sind Buschbrände eine der größten Gefahren. – Die Lokomotiven wurden auf der „Great Southern"-Hauptlinie – wie sie gewöhnlich heißt – zwischen den Städten Albany und York eingesetzt. Mit ihrer Zugkraft von 15270 kp (rund

15,3 t) waren sie die stärksten Maschinen mit starren Treibradsätzen, die auf der 1067-mm-Spurweite in Australien gelaufen sind.

42 **Queensland Government Railways** (Australien):
Lokomotive der Bauart „Beyer-Garratt" mit der Achsfolge 2'D1'-1'D2'

Die Spurweite von 1067 mm im australischen Bundesstaat Queensland war auf eine maximale Achslast von 10,0 metrischen Tonnen begrenzt. Während der Zeit des Wiederaufbaus nach 1945 bedeutete dies angesichts der erforderlichen Typen an Lokomotiveneinheiten eine ungute Beschränkung. Deshalb wählte man die „Beyer-Garratt" – nicht nur für den schweren Gütertransport, sondern auch aus Prestigegründen für den Personenverkehr des „Sunshine Express", der auf einer Strecke von rund 1680 km zwischen Brisbane und Cairns verkehrt.
Da man sich für die Bauart „Garratt" entschied, hatte man eine Lokomotive mit einer Zugkraft von 14880 kp (14,9 t), ohne dabei die festgelegte maximale Achslast zu überschreiten. So dringend wurden die Maschinen gebraucht, daß von den dreißig in Auftrag gegebenen nur neunzehn von Beyer, Peacock & Co. in Manchester gebaut werden konnten, während man die anderen elf zur Fertigung an die Société Franco-Belge de Matériel de Chemin de fer in Frankreich übertragen mußte. Sie waren hervorragend im Rot der „London, Midland and Scottish" gestrichen, für die Queensland Railways eine Neuheit. Einige Jahre lang galten die Maschinen sogar als die „Flaggschiffe" des Lokomotivenparks. Eine Maschine dieser Bauart ist für besondere Aufgaben noch im Einsatz, und eine weitere steht im Eisenbahnmuseum der Queensland Government Railways.

43 **Western Australian Government Railways:**
2'D1'-Lokomotive der Serie W für leichten Betrieb

Zur gleichen Zeit, als man die neuen schweren Lokomotiven für Hauptstrecken projektiert hatte, waren auch für die vielen Stichlinien und untergeordneten Bahnstrecken mit einer maximalen Achslast von 10 t zahlreiche Einheiten nötig. Außerdem mußten die neuen Lokomotiven mit der minderwertigen Kohle von Collie einwandfrei arbeiten und in Regionen verkehren, wo das Wasser knapp ist und einen hohen Salzgehalt hat. Die „Western Australian" profitierten von den reichen Erfahrungen der Firma Beyer, Peacock & Co. im Bau dieser Maschinen, und sie berücksichtigten zahlreiche hochmoderne technische Merkmale, die sich als besonders erfolgreich im Betrieb herausgestellt hatten. – Der ursprüngliche Auftrag lautete auf zwanzig Einheiten, wurde aber in der Folge auf sechzig erweitert. Ein erfreuliches Merkmal dieser Maschinen war ihre in die Augen springende „saubere" äußere Aufmachung, frei von jedem technischen Beiwerk an allen denkbaren Stellen, was manchmal als die notwendige Begleiterscheinung einer „modernen" Lokomotive gepriesen wird. – Die Zylindermaße waren 406 mm Durchmesser und 610 mm Kolbenhub, der Treibraddurchmesser 1219 mm, der Kesseldruck 14,1 kp/cm² (138,0 N/cm²) und die Zugkraft 9840 kp (9,8 t) – eine Maschine bescheidener Stärke also, aber auch größter Vielseitigkeit.

44 **London and North Eastern Railway:**
Lokomotive der „Pacific"-Bauart (2'C1'), Serie A2, gebaut 1947 von A. H. Peppercorn

Während des Zweiten Weltkriegs, als die Wartungsvorschriften für die Lokomotiven etwas gelockert wurden, zeigten die Gresleyschen „Pacific"-Maschinen, die unter normalen Bedingungen einen so hervorragenden Leistungskatalog aufzuweisen hatten, infolge der Nachlässigkeiten einige Störungen im Triebwerk, und es gab auch Mängel an der gekoppelten Ventilsteuerung. Gresleys Nachfolger, zuerst E. Thompson und dann A. H. Peppercorn, suchten diese Störungen zu beseitigen, indem sie neue „Pacific"-Lokomotiven mit drei getrennten Ventilsteuerungen bauten. Die Serie A2 von Peppercorn mit ihren Treibrädern von 1880 mm Durchmesser waren starke und gründlich ausgenutzte Maschinen; aber während sie eine wichtige Funktion im Dienst auf Hauptstrecken ausführten, konnten weder sie noch die Maschinen der Serie A1 mit ihren Treibrädern von 2032 mm Durchmesser die Gresleyschen Serien A3 und A4 verdrängen. Vor allen Dingen hatten sie einen größeren Kohleverbrauch, und das sprach hinsichtlich der langen Nonstop-Fahrten gegen sie. Wie unter den Artikeln Nr. 126 und 127 besonders erwähnt ist, blieben die „Pacifics" von Gresley, nachdem in den Nachkriegsjahren der Wartungsdienst wieder stark verbessert wurde, bis zum Ende des Dampfbetriebs die erste Garnitur der Schnellzuglokomotiven auf der Route entlang der englischen Ostküste.

45 **British Railways:**
Lokomotive der „Duchess"-Klasse von Stanier, eingesetzt im Bereich London–Mittelengland; Achsfolge 2'C1'

Im Abschnitt Nr. 31 war die Rede von den wichtigen Vergleichsversuchen zwischen Dampflokomotiven und dieselelektrischen, die H. G. Ivatt bei der London, Midland and Scottish Railway (L.M.S.R.) durchzuführen beabsichtigte. Der Beginn der Verstaatlichung der britischen Bahnen im Jahre 1948 verschob diese Versuche – für immer, wie sich herausstellte, und die erste Phase der Lokomotiventwicklung in der neuen Ära war ausschließlich auf den Dampf ausgerichtet. Keine neuen Lokomotiven einer Einheitsbaureihe wurden für die schwersten Schnellzüge gebaut, und die „regionalen" Typen blieben ebenfalls in Betrieb. Der Bereich London–Mittelengland konnte froh sein, so starke und leistungsfähige Maschinen zu besitzen wie die „Pacifics" der „Duchess"-Klasse von Stanier. Von diesen ist die „City of London" mit ihrem roten Anstrich abgebildet, wie er in den fünfziger Jahren für die „Pacifics" der L.M.S.R. eingeführt wurde. In den Jahren, ehe die Umstellung auf Dieselbetrieb begann, leisteten diese Lokomotiven zum Teil den schnellsten und schwersten Dienst zwischen Euston (London) und Glasgow, der je verzeichnet wurde. Die „Duchess“-Lokomotiven waren nach Meinung vieler die beste Klasse britischer Schnellzuglokomotiven des ganzen Dampfzeitalters.

46 **Great Western Railway** (England):
Maschine der „County“-Klasse mit der Achsfolge 2'C, Baujahr 1945

Gegen Ende des Zweiten Weltkriegs ging F. W. Hawksworth, Chefingenieur der Great Western Railway, daran, die Entwürfe für eine große „Pacific“-Lokomotive auszuarbeiten, die nach dem Kriege im Reisezugverkehr eingesetzt werden sollte. Zu jener Zeit waren jedoch die Verhältnisse für den Bau einer solchen Lokomotive nicht günstig; aber mit der Einwilligung für eine weitere Serie von 2'C-Mehrzweck-Lokomotiven nahm Hawksworth die Gelegenheit wahr, eines der wichtigsten Merkmale der vorgeschlagenen „Pacific“ auszuprobieren, nämlich den hohen Kesseldruck von 19,7 kp/cm^2 (193,2 N/cm^2). Der Kessel basierte auf jenem der Stanierschen F8-Baureihe von der London, Midland and Scottish Railway mit der Achsfolge 1'D, von der die Swindon Locomotive Works im Auftrag der Verkehrsabteilung des Verteidigungsministeriums achtzig Maschinen gebaut hatten. Die Verbindung dieses Hochdruckkessels mit der konstruktiven Gestaltung der Einheits-Zweizylinderlokomotive von der Great Western Railway ergab eine sehr starke Mehrzweck-Lokomotive. Sie wurde in einigen Bereichen im Schnellzugdienst verwendet, und zwar abwechselnd mit den hervorragenden 2'C-Maschinen der „Castle“-Klasse. Die „County“-Klasse arbeitete besonders gut auf Strecken mit starken Steigungen, wie z.B. der nördlichen Hauptlinie zwischen Wolverhampton und Chester, außerdem in Cornwall. – Anfangs hatte nur die erste Nullserien-Maschine, die „County of Middlesex“ mit der Nummer 1000, einen doppelten Schornstein, aber in späteren Jahren wurden alle dreißig dieser Klasse damit ausgerüstet, allerdings in einer leicht abgeänderten Form.

47 **British Railways:**
Lokomotive der abgewandelten „Merchant Navy“-Klasse, eingesetzt in Südengland; Bauart „Pacific“ (2'C1')

Die kurz nach 1945 bei der Southern Railway eingesetzten „Pacifics“ von Bulleid enthielten eine große Zahl neuartiger Merkmale, zu viele, um in der großen Fertigungsserie einer neuen Lokomotivenausführung verwirklicht zu werden. Obgleich – und das sei zu ihrem Besten gesagt – diese Maschinen eine wirklich bemerkenswerte Arbeit leisteten, war die Fehlerhäufigkeit zu groß, als daß sie im regulären Betrieb hätte zugelassen werden können. Nach der Verstaatlichung machte eine sorgfältige Analyse der Wartungsprotokolle sowohl der „Merchant Navy“- als auch der „West Country“-Klasse klar, daß nichts weniger als ein großer Umbau die erforderliche Abhilfe bringen würde. Die gekapselte Ventilsteuerung im Ölbad war zwar eine geschickt ausgedachte Einrichtung, brachte jedoch

endlosen Verdruß. Sie wurde deshalb ausgebaut und durch drei Sätze der herkömmlichen Walschaert-Steuerung ersetzt. Die windschnittige Verkleidung war eher eine „Verpflichtung" als ein Vorteil. Sie half wenig oder nichts, um den Luftwiderstand zu verringern, und erschwerte es, viele bewegliche Bauteile zu erreichen. Sie wurde deshalb entfernt. Schließlich wurde der hohe Kesseldruck von 19,7 kp/cm² (193,2 N/cm²) nicht ausgenutzt, den Expansionsbereich des Dampfes zu erhöhen, weshalb er bei den umgebauten Maschinen auf 17,5 kp/cm² (172,5 N/cm²) verringert wurde.
In ihrer abgewandelten Form verrichteten die „Pacifics" von Bulleid viel schwere und zuverlässige Arbeit. Eine von ihnen erreichte im Raum von Südengland die Rekordgeschwindigkeit von 167,3 km/h, und zwar in der Nähe von Axminster in der Grafschaft Devon.

48 **Canadian National Railways:** Begriffe von Farblichtsignalen

Mehr als fünfzig Jahre lang war es ein Streitpunkt zwischen Signalbauingenieuren und Betriebspersonal gewesen, ob die Signale beim Herannahen eines Zuges an einen Knotenpunkt die Route anzeigen sollten, die der Zug zu nehmen hat, oder die Geschwindigkeit, mit der der Lokomotivführer die Fahrt fortsetzen soll. Im ersten Fall muß zuverlässig feststehen, daß der Lokomotivführer die Route kennt, damit er die Geschwindigkeit entsprechend bemessen kann. Er muß auch wissen, daß das Abbiegen auf eine Zweiglinie oder untergeordnete Strecke es erfordert, die Geschwindigkeit um einen bestimmten Betrag zu verringern. Im anderen Fall verlangen die „Geschwindigkeitsbegriffe" – wie sie genannt werden –, die Fahrt auf ein Maß zurückzunehmen, wie die gezeigten Begriffe es vorschreiben; der Zug wird dann eine Geschwindigkeit einhalten, die für das Durchfahren des Knotenpunkts sicher ist. – Beide Signalsysteme haben ihre Kritiker, obwohl sie gut eingeführt sind und über viele Jahre einen zuverlässigen Betrieb bei schwerem und schnellem Verkehr gewährleistet haben. Das britische System beruht auf der Richtungsanzeige, während die nordamerikanische Praxis die Geschwindigkeit vorschreibt. (Anmerk. d. Übers.: Die zweite Methode, nämlich das Geschwindigkeitsprinzip, gilt in den meisten Ländern Europas.)
Die Signalbegriffe, wie sie in Kanada die Norm sind und auch bei den Eisenbahnen der USA allgemein angewandt werden, sind in den Diagrammen zusammen mit den Befehlen für die Lokomotivführer gezeigt. In der Regel ist es der oberste Lichtpunkt in der Kombination von drei übereinander angeordneten, der die hauptsächliche Nachricht enthält. Zum Beispiel ist das Signal für „volle Fahrt" durch einen grünen Lichtpunkt über zwei roten gegeben. Obwohl viele der Begriffe einen oder mehr rote Lichtpunkte enthalten, bedeutet die Einfügung von Grün und Gelb verschiedene Stufen der „Vorsicht" oder „mittlere Geschwindigkeit". Man beachte auch die Unterscheidung zwischen „mittlerer" und „begrenzter" Geschwindigkeit in Streckenabschnit-

ten, die durch ein zusätzliches beleuchtetes „L“ gekennzeichnet sind (L = limited = begrenzt), wo begrenzte Geschwindigkeit vorgeschrieben ist. Zeigt ein Begriff nur rote Lichtpunkte allein, muß ein Zug zu einem «unbedingten Halt» kommen. Im Vergleich zwischen dem einfachen britischen Farblicht-Signalsystem und dem topographischen System für Streckenabzweigungen („Wegeprinzip“) mag das nordamerikanische kompliziert erscheinen; dieses wird aber mit voller Zuverlässigkeit und ebensolchem Erfolg angewandt, auch auf einigen Strekken, wo Geschwindigkeiten bis zu 145 km/h regelmäßig gefahren werden.

49 **British Railways:**
In Südengland eingesetzte elektrische Lokomotive für 675 V Gleichstrom; Achsfolge Bo'Bo'

Obwohl auf den elektrifizierten Strecken in Südengland fast ausschließlich Triebwagengarnituren aus mehreren Einheiten verkehren, gibt es in Kent eine Anzahl von Zügen, die mit Lokomotiven betrieben werden, einschließlich des Personen- und Güterverkehrs in Verbindung mit dem Eisenbahnfährdienst zum europäischen Kontinent. Für diese Aufgaben wurde der Spezialtyp einer elektrischen Lokomotive mit einer (einstündigen) Kurzleistung von 2530 PS (1862 kW) entworfen. Diese Baureihe erreicht eine Höchstgeschwindigkeit von 145 km/h; sie ist auch in der Lage, Güterzüge mit einem Gewicht von 920 t zu schleppen. Die Anwendung des Stromschienensystems in Südengland brachte gewisse Probleme mit sich, nämlich dort, wo bei Gleiskreuzungen „Stöße“ (Unterbrechungen) in der Stromschiene vorhanden sind. Die Lokomotive hat deshalb zwei Schleifschuh-Stromabnehmer und die Ankerwelle von Motor und Generator je ein schweres Schwungrad, die für die nötige kinetische Energie sorgen, um die Geschwindigkeit während der Unterbrechungen der Stromzufuhr aufrechtzuerhalten, die durch die Stöße in der Stromschiene verursacht werden. Diese Lösung ist im Betrieb sehr wirkungsvoll. – Im Normalfall ist es nicht möglich, das Überfahren der Stöße in der Stromschiene zu bemerken; nur wenn die Lokomotive z.B. auf einer stark ansteigenden Strecke schwer zu ziehen hat, kann man ein kurzes, stoßartiges Nachlassen in der Zuggeschwindigkeit feststellen.

50 **Bern–Lötschberg–Simplon-Bahn** (Schweiz):
Elektrische Lokomotive der Baureihe Ae 4/4 II, Achsfolge BoBo

Die Vorläuferin der bemerkenswerten Lokomotivbaureihe Ae 4/4 II, die 1944 eingeführte Baureihe Ae 4/4 I, kann als eine der Vorkämpferinnen im modernen europäischen Eisenbahnbetrieb angesehen werden. Eine Neuheit in der schweizerischen Praxis war, daß man der Verringerung des Gewichts besondere Aufmerksamkeit widmete. Die Drehgestelle und der Rahmenaufbau waren ganzgeschweißte Konstruktionen, und für die Herstellung des Kastenaufbaus verwendete man Leichtmetallegierungen; Laufachsen wurden nicht eingebaut. Es war eine

Lokomotive mit voller Haftreibung, und obwohl sie nicht mehr als 80 t wog, hatte sie eine Nennleistung von 4000 PS (2940 kW). Sie war ausgelegt, Züge von 400 t bei 75 km/h über Steigungen in einem Verhältnis von 1 : 37 zu führen.

Die Weiterentwicklung dieser hervorragenden Lokomotive, nämlich die abgebildete der Baureihe Ae 4/4 II, hat eine Nennleistung von 6330 PS (etwa 4650 kW), und trotzdem beträgt ihr Gesamtgewicht nicht mehr als 82 t. Auf dem Gebirgsabschnitt der Lötschbergbahn zwischen Spiez und Brig sind als Höchstgeschwindigkeit sowohl bergan als auch bergab 75 km/h erlaubt, und dabei können diese Lokomotiven die schwersten Lasten aufwärts bewältigen. Nur im Lötschbergtunnel selbst sind höhere Geschwindigkeiten zugelassen; dort steigt die Strecke nur leicht an und ist auch im wesentlichen gerade, so daß Geschwindigkeiten bis zu 100 km/h erreicht werden.

51 **Schweizerische Bundesbahnen:**
Elektrische Lokomotive der Baureihe Ae 6/6, Achsfolge CoCo

Der bemerkenswerte Erfolg der neuen Lokomotiven mit der Achsfolge BoBo und voller Haftreibung, die auf der Lötschbergbahn eingesetzt werden, beeinflußte zweifellos die Schweizerischen Bundesbahnen dahingehend, eine weitere starke Baureihe mit der Achsfolge CoCo für die Gotthardbahn einzuführen, die schwere Steigungen und Gefällstrecken aufweist. Erfahrungen hatten gezeigt, daß die Lokomotiven der Baureihe Ae 4/4 nicht die erforderliche Zugkraft haben, hier die schwersten Lasten zu schleppen. Die Steigungen sind ebenso steil und auch die Nenn-Höchstgeschwindigkeiten dieselben. Ergebnis war die Baureihe Ae 6/6, die 1954 eingeführt wurde.

Diese schön gestalteten Lokomotiven haben eine Dauerleistung von 5475 PS (4025 kW) und eine Kurzleistung von 6000 PS (4410 kW). Sie sind dafür ausgelegt, Züge von 600 t über Steigungen in einem Verhältnis von 1 : 38,5 bei 75 km/h zu führen, und erreichen auf günstigen Streckenabschnitten eine Höchstgeschwindigkeit von 125 km/h. Wie die Lokomotiven der Lötschbergbahn fahren sie mit 15 kV Einphasen-Wechselstrom bei einer Frequenz von 16⅔ Hz. Sie haben alle Namen nach Städten und Kantonen, die von den Schweizerischen Bundesbahnen bedient werden; dazu tragen sie in genauen Farben die entsprechenden Wappen.

52 **Société Nationale des Chemins de fer Français** (S.N.C.F.):
Die elektrische Schnellfahrlokomotive der Baureihe 7000, Achsfolge CoCo

Obwohl die Idee, elektrische Lokomotiven nicht mit Drehgestellen zu versehen, unzweifelhaft von den erfolgreichen schweizerischen Maschinen her übernommen wurde (s. Nr. 50 und 51), war die französische Baureihe CC7000 die erste mit voller Haftreibung, gefertigt für Geschwindigkeiten von mehr als 125 km/h. Die erste Lokomotive dieser Baureihe wurde nach umfangreichen Versuchen im Jahre 1949 in den regulären Betrieb übernommen. Die Vorversuche führte man sowohl im Reisezug- als auch im Güterverkehr durch, in deren Verlauf eine Höchstgeschwindigkeit von 180 km/h erreicht wurde. Es zeigte sich, daß die Lokomotive gefahrlos Geschwindigkeiten herausfahren konnte, die weit über dem lagen, was seinerzeit für den regulären Betrieb gefordert wurde. Die S.N.C.F. entschloß sich folglich, die Baureihe für den Betrieb auf Strecken zu standardisieren, die 1500 V Gleichstrom führten. Das waren die ehemalige Paris–Orléans-Bahn sowie die Paris–Lyon–Méditerranée bis Lyon. Als Ergebnis des Erfolgs dieser Lokomotiven erhielt der Hersteller, Alsthom, Aufträge über viele weitere derselben Baureihe auch von anderen Eisenbahngesellschaften. In einer Reihe von besonderen Schnellfahrversuchen im März 1955 erreichte die Lokomotive Nr. 7107 eine Höchstgeschwindigkeit von 331 km/h.

53 **Société Nationale des Chemins de fer Français** (S.N.C.F.): Schnellzuglokomotive der Baureihe 241.P, Achsfolge 2'D1'

Die großartige Baureihe 241.P, von der Lokomotivbaufirma Schneider-Creusot & Cie. zwischen 1947 und 1949 hergestellt, wurde aus der Baureihe 241.CI der Paris–Lyon–Méditerranée entwickelt, und obwohl diese Maschinen Einheitslokomotiven der Französischen Staatsbahn darstellten, zeigten sie verschiedene charakteristische Merkmale der Lokomotiven der Paris–Lyon–Méditerranée. Eines der Merkmale bestand darin, daß die außenliegenden (Niederdruck-)Zylinder die zweite Kuppelachse antrieben und die innenliegenden (Hochdruck-)Zylinder die dritte. Ein weiteres Charakteristikum der Paris–Lyon–Méditerranée war der nach vorn keilförmig zulaufende Führerstand.
Diese großen Lokomotiven verkehrten südlich von Lyon und dann von Avignon, bis die Elektrifizierung der Strecke schrittweise bis Marseille ausgedehnt war. Danach wurden sie auf die Hauptstrecke Paris–Brest der Staatsbahn überstellt. Sie waren äußerst stark. Ihre Grunddaten: Hochdruckzylinder mit 446 mm Durchmesser und 650 mm Kolbenhub, Niederdruckzylinder mit 673 mm Durchmesser und 700 mm Kolbenhub; Durchmesser der Treibräder 2019 mm, Kesseldruck 20,4 kp/cm^2 (200,1 N/cm^2); Dienstgewicht der Maschine 132 t und des Tenders 83 t; Anzugsleistung 20 470 kp (20,5 t) und Höchstgeschwindigkeit im Normalbetrieb 120 km/h.

54 **Société Nationale des Chemins de fer Français** (S.N.C.F.): Prototyp der Dreizylinder-Verbund-Schnellzuglokomotive mit der Achsfolge 2'D2'

Nach dem Zweiten Weltkrieg fertigte der französische Lokomotivkonstrukteur André Chapelon Entwürfe für eine neue Serie von Hochleistungs-Dampflokomotiven an, die auf den von ihm geforderten Grundsätzen beruhten und die er in den dreißiger Jahren mit dem Umbau bestimmter Lokomotiven der ehemaligen Paris–Orléans bewiesen hatte. Die abgebildete gewaltige 2'D2'-Lokomotive blieb die einzige ihrer

Art, denn obwohl sie sich als äußerst erfolgreich herausstellte, hatte die S.N.C.F. zu jener Zeit beschlossen, ihren Maschinenpark nicht mehr mit Dampflokomotiven zu vergrößern, sondern ihre bereits elektrifizierten Netzbereiche zu erweitern. Chapelons Baureihe 242.A bestand aus Dreizylinder-Verbundlokomotiven, die wie die Verbundmaschinen der englischen Midland Railway mit Frischdampf anfuhren, der nur den Niederdruckzylindern zugeführt wurde. Die Anfahrzugkraft betrug 21 340 kp (21,3 t) und die Zugkraft bei vollem Verbundbetrieb 21 370 kp. Der Hochdruckzylinder der Maschine hatte einen Durchmesser von 600 mm und einen Kolbenhub von 720 mm. Der Durchmesser der beiden Niederdruckzylinder betrug 680 mm und der Kolbenhub 759 mm. Die Treibräder maßen 1973 mm und der Kesseldruck erreichte 20,4 kp/cm² (200,1 N/cm²). Die Maschine hatte ein Dienstgewicht von 148,4 t, der Tender von 76 t. Die durchschnittliche Höchstgeschwindigkeit lag bei 140 km/h, aber 160 km/h wurden bei speziellen Versuchen erreicht. – Man kann es nur bedauern, daß der Entwicklung dieser hervorragenden Lokomotive durch die Elektrifizierung Einhalt geboten wurde.

55 **Société Nationale des Chemins de fer Français** (S.N.C.F.): Vierzylinder-Verbundlokomotive der Baureihe 232.U1, Achsfolge 2'C2'

Die französische Chemin de fer du Nord war wegen der guten Leistung ihrer Lokomotiven immer bekannt, und der Erfolg der Vierzylinder-Verbundmaschinen nach dem de Glehnschen Prinzip wirkte weit über die Nord und Frankreich hinaus. Ja, wenn nicht die seit 1912 drohende Kriegsgefahr gewesen wäre, hätte die 2'C2'-Lokomotive gute 35 Jahre früher, als es schließlich der Fall war, die Standardmaschine für Hauptstrecken werden können. Denn die riesigen Vierzylinder-Verbundlokomotiven mit der Achsfolge 2'C2' von de Bousquet wurden über die beiden Prototypen hinaus nicht weiterentwickelt. Die Umstände ließen seinerzeit die hierfür erforderlichen umfangreichen Erprobungen nicht zu. Die Baureihe 232.U von 1949 war jedoch ein angemessener Höhepunkt in der eigenen Entwicklung von Lokomotiven bei der Nord, wenngleich sie unter der Ägide der S.N.C.F. entstand. Viele moderne Merkmale wurden bei ihr berücksichtigt, so z.B. der Barrenrahmen sowie Achslagergehäuse mit Rollenlagern. Diese Maschinen verrichteten ausgezeichnete Arbeit im Schnellzugdienst auf der Strecke Paris–Lille vor deren Elektrifizierung. – Die Grunddaten lauteten wie folgt: Rauminhalt der zwei Hochdruckzylinder 446 mm (Durchmesser) zu 700 mm (Kolbenhub) und der zwei Niederdruckzylinder 680 mm zu 700 mm, Durchmesser der Treibräder 2000 mm, Kesseldruck 20,4 kp/cm² (200,1 N/cm²), Anfahrzugkraft 21 320 kp (21,3 t); das Gewicht der Lokomotive betrug 129,3 t, das des Tenders 84,2 t.

56 **Société Nationale des Chemins de fer Français** (S.N.C.F.): Lokomotive der Baureihe 141.R für Mehrzweckbetrieb, Achsfolge 1'D1'

Während in den Nachkriegsjahren die französischen Lokomotivbauingenieure sich dem Entwurf neuer Typen für die modernsten Strecken widmeten, wie aus dem Beispiel der Baureihen 241.P, 242.A und 232.U hervorgeht, war für das weithin zerstörte französische Eisenbahnnetz dringende Hilfe nötig. Deshalb wurde mit der 141.P der ehemaligen Paris–Lyon–Méditerranée als Ausgangspunkt die Achsfolge 1'D1' für eine Massenfertigung durch US-amerikanische und kanadische Firmen gewählt. Daran beteiligten sich die Firmen Baldwin Locomotive Company, Lima, sowie American Locomotive Company (ALCO) zusammen mit den Montreal Locomotive Works. Insgesamt wurden mehr als 1000 dieser tüchtigen Maschinen gebaut. Es waren Zweizylinder - Einfachexpansionsmaschinen von robuster Konstruktion, für einen harten und langanhaltenden Einsatz ausgelegt. Obwohl sie sich von den herkömmlichen französischen Bauformen so sehr unterschieden, wurden sie von allen Beteiligten wegen ihrer Zuverlässigkeit, des leichten Funktionierens und der allgemeinen Fehlerfreiheit im Lauf sofort willkommen geheißen. Entlang der Mittelmeerküste, z.B. zwischen Marseille und der italienischen Grenze, führten sie die wichtigsten Schnellzüge einschließlich des „Mistral" und des „Blauen Zuges". Ihre grundlegenden Maße waren: Zylinder mit 598 mm Durchmesser und 711 mm Kolbenhub, Treibräder mit 1651 mm Durchmesser, Kesseldruck 15,5 kp/cm² (151,8 N/cm²), Zugkraft 19200 kp (19,2 t), Gewicht der Lokomotive 116,3 t und des Tenders 73 t. Die an der Mittelmeerküste eingesetzten Maschinen hatten Ölfeuerung.

57 **British Railways:**
Standardlokomotive der Baureihe 7, genannt „Britannia"; Bauart „Pacific" (2'C1')

R.A. Riddles, Mitglied des Direktoriums der British Railways und verantwortlich für Maschinenbau und Elektrotechnik, leitete die Konstruktion einer neuen Serie von Standardlokomotiven, die die besten technischen Merkmale aus der Betriebspraxis der „Big Four" vor der Verstaatlichung enthalten sollten. („Big Four": Great Western Railway, Southern Railway, London, Midland and Scottish Railway und London and North Eastern Railway; d. Übers.) Die „Pacific"-Lokomotive der Baureihe 7 für Mehrzweckbetrieb erschien als erste dieser neuen Entwürfe, und die Erstlingsmaschine – die „Britannia" mit der Nummer 70000 – wurde 1951 in den Lokomotivwerken von Crewe fertiggestellt, gerade rechtzeitig, um beim „Festival of Britain" im Sommer jenes Jahres ausgestellt zu werden.
Die Grundlage ihrer Konstruktion, und das gilt für alle britischen Standardreihen an Dampflokomotiven, war ein robuster, äußerst einfacher Aufbau mit zwei Zylindern, an dem alle Aggregate außen und leicht zugänglich angebracht waren. Die Einzelheiten umfaßten Merkmale aus der Praxis der Southern Railway und der London and North Eastern Railway, während der große Kessel eine unmittelbare Entwicklung aus Staniers Tätigkeit bei der

London, Midland and Scottish Railway darstellte, die ihrerseits wiederum aus den alteingeführten Prinzipien des Kesselbaus bei der Great Western Railway hervorging. Die Baureihe, der auch die „Britannia" angehörte und von der schließlich fünfzig Stück gebaut wurden, stellte schwer arbeitende und leicht laufende Maschinen, und obwohl sie für Mehrzweckbetrieb vorgesehen waren, versahen sie fast ausschließlich im Schnellzugverkehr ihren Dienst. Außer auf der Strecke der Great Eastern Railway in Ostengland, wo sie alle hauptsächlichen Schnellzüge führten, waren sie Maschinen für Nebenlinien, konnten also die stärksten Schnellzuglokomotiven der früheren Great Western, der Southern, der London, Midland and Scottish und der London and North Eastern Railway nicht verdrängen.

58 **British Railways:**
Standardlokomotive der Baureihe BR4 für Mehrzweckbetrieb, Achsfolge 1'C

Die Reihe der britischen Standardlokomotiven, die nach der Verstaatlichung entwickelt wurden, hatte verschiedenartige Ursprünge, obwohl sie in der eigentlichen Fertigung alle eine starke „Familienähnlichkeit" aufwiesen. Von der 1'C-Maschine der Baureihe BR4 kann man sagen, daß sie aus der 2'C-Maschine der Baureihe 3000 der London, Midland and Scottish hervorging, die H.G. Ivatt entworfen und kurz nach dem Zweiten Weltkrieg gefertigt hatte. Diesen letzteren Maschinen waren viele neue technische Merkmale eigen; sie verrichteten, nach anfänglichen Schwierigkeiten mit dem Schornsteinzug, viel schwere Arbeit. Die „BR4", die auf sie folgte, war ein wirklich ausgezeichnetes Exemplar mittlerer Leistung mit einer guten Auslegung der Geschwindigkeitsbereiche und deshalb sowohl für Reise- als auch für Güterzüge verwendbar. Die beiden Zylinder hatten 446 mm Durchmesser und 660 mm Kolbenhub, der Durchmesser der Treibräder war 1600 mm, und bei einem Kesseldruck von 15,8 kp/cm² (155,2 N/cm²) lag die Anzugskraft bei 10970 kp (fast 11 t). Dieser letzte Wert war sehr hoch für eine Lokomotive, die ganze 61 t wog. – Die Maschinen waren natürlich nur für mittelschweren Betrieb gedacht, und der verhältnismäßig kleine Feuerrost von 2,14 m² erbrachte für diesen Einsatz einen geringen Kohleverbrauch.
Die Lokomotive Nr. 76114 war die letzte in den Doncaster-Werken gebaute Dampflokomotive. Jene Werke waren von der ehemaligen Great Northern Railway errichtet worden und der Entstehungsort so mancher berühmten Dampflokomotiven.

59 **British Railways:**
Standardlokomotive der Baureihe BR9 für Güterschnellverkehr, Achsfolge 1'E

Die 1'D-Maschine war eine Standardausführung für schwere Güterzüge bei vielen verschiedenen Eisenbahnen Großbritanniens lange Zeit vor der Verstaatlichung gewesen. Damals gab es einen Versuch, sie zu einer 1'D1'-Maschine für noch

schwerere Aufgaben weiterzuentwickeln. Die 1'D1', wie die „Pacific"-Lokomotive im Reisezugverkehr eingesetzt, ermöglichte es, eine breite Feuerbüchse zu verwenden, bei der der Rost seitlich über die beiden Laufräder herausragte. Als man sich Gedanken über eine Hochleistungs-Güterzuglokomotive für die British Railways machte, wurde die 1'D1'-Version einer „Pacific" der Baureihe 7 („Britannia") vorgeschlagen (s. Nr. 57). Aber die Erfahrung mit der 1'E-Lokomotive aus dem Krieg, die für den militärischen Nachschub im befreiten Europa gebaut worden war (s. Nr. 29), zeigte die Vorteile dieses Triebwerks, und so wählte man die Achsfolge 1'E für die Baureihe BR9.
Diese Baureihe erwies sich als die hervorragendste Konstruktion aller britischen Standardserien. Obwohl sie Treibräder von nicht mehr als 1574 mm im Durchmesser hatte, führte sie Schnellzüge mit Geschwindigkeiten bis zu 145 km/h. Die anderen Grundabmessungen der Baureihe BR9 waren: Zylinder mit 508 mm Durchmesser und 711 mm Kolbenhub, ein Kesseldruck von 17,5 kp/cm^2 (172,5 N/cm^2) und eine Anfahrzugkraft von rund 18000 kp (18,0 t). Gebaut wurden insgesamt 221 Stück dieser Baureihe; die letzte Maschine, die Nr. 92220, wurde in den Lokomotivwerken von Swindon im Jahre 1960 fertiggestellt.

60 **British Railways:**
2'C-Mehrzweck-Lokomotive der Serie „Black Five" mit einer Ventilsteuerung nach Caprotti; eingesetzt im Bereich London–Mittelengland

Lange Jahre haben die Lokomotivbauingenieure in vielen Ländern versucht, den thermischen Wirkungsgrad und die allgemeine Leistung dadurch zu verbessern, daß sie von den wohlbewährten, herkömmlichen Ventilsteuerungen nach den Systemen von Stephenson und Walschaert abgingen. Scheibenventile haben den Vorzug, daß sie ein „flottes" Öffnen und Schließen ermöglichen und ein etwaiges Drosseln des Dampfes beim Ein- und Ausströmen verhindern. Sie heben sich auch vollständig aus ihrem Ventilsitz, wenn die Lokomotive im Leerlauf rollt, so daß sich auch ein leichterer Lauf ergibt. Von den verschiedenen Typen an Scheibenventilsteuerungen, die von Zeit zu Zeit in diesem Land verwendet wurden, hat die „britische Caprotti" – eine Abwandlung der originalen italienischen Form – eine gewisse Beliebtheit erreicht. Sie wurde neben verschiedenen Alternativkonstruktionen für den Vorderteil in die Maschinen eingebaut, die H.G. Ivatt bei der London, Midland and Scottish Railway in den Jahren 1947/48 zu erproben beabsichtigte. – Die „Caprotti-Fives", wie sie häufig genannt wurden, waren sehr schnelle Lokomotiven, aber sie schienen nie die Zugkraft der normalen „Black Fives" mit Walschaert-Steuerung zu entwickeln, wenn es galt, mit einer schweren Last anzufahren, oder wenn eine starke Steigung zu bewältigen war.

61 **Türkische Staatsbahnen:**
Mehrzweck-Lokomotive der Baureihe 56001, Achsfolge 1'E

Um 1940 erhielten die Türkischen Staatsbahnen Lieferungen aus Deutschland über zwei Baureihen sehr starker moderner Maschinen, Schnellzuglokomotiven mit der Achsfolge 1'D1' und Mehrzweck-Lokomotiven mit der Achsfolge 1'E. Die zweite Bauart war in jeder Hinsicht die allgemein brauchbarere, denn die schweren Lasten und die in der Türkei im Überfluß vorkommenden starken Steigungen ließen nicht viel Möglichkeiten für Schnellfahrten in der üblichen Bedeutung des Wortes. Offensichtlich auf Grund der Kriegsereignisse konnten die deutschen Hersteller, Henschel & Sohn in Kassel, die Lokomotiven nicht schnell genug liefern, so daß weitere Exemplare in England bestellt wurden. Sie entstanden bei der Firma Vulcan Foundry sowie bei Beyer, Peacock & Co., aber ihre Auslieferung war erst nach dem Kriege im Jahr 1948 möglich. Die Lokomotiven britischer Herkunft trugen die türkischen laufenden Seriennummern 56080 bis 56116. Ihre wichtigsten Maße waren: Zylinder mit 648 mm Durchmesser und 660 mm Kolbenhub, Treibräder mit 1460 mm Durchmesser und Kesseldruck von 17,5 kp/cm² (172,5 N/cm²). Die Zugkraft erreichte 28740 kp (28,7 t), und das Dienstgewicht der Lokomotive ohne Tender betrug 108 t. Im Jahre 1949 wurde eine weitere Partie von fünfzig Maschinen von den Skoda-Werken in der Tschechoslowakei geliefert. Diese hatten einen etwas größeren Tender als die originalen Maschinen aus deutscher und britischer Fertigung. (Vgl. im Band *Die Blütezeit der Dampfeisenbahn 1920–1940* die Ref.-Nr. 156.)

62 **Deutsche Bundesbahn** (DB): Mehrzweck-Lokomotive der Baureihe 23, eingeführt 1953; Achsfolge 1'C1'

Vor dem Zweiten Weltkrieg waren in Deutschland die Mehrzweck-Lokomotiven mittlerer Leistung die Überlebenden von preußischen 2'C-Maschinen, nämlich der einst sehr umfangreichen Baureihe P8. Davon gab es einmal nicht weniger als 3850 Exemplare; im Jahre 1924 übernahm die damalige Deutsche Reichsbahn 2975 Stück in ihren Lokomotivenpark. Als der Zweite Weltkrieg vorüber war, hatten jene Veteranen das Ende ihres Lebens erreicht, und als Ersatz wurde eine neue Serie entworfen – die sehr eindrucksvollen Lokomotiven der Baureihe 23 mit der Achsfolge 1'C1'. Ein besonders auffallendes Merkmal dieser Maschinen ist der außerordentlich hoch angesetzte Kessel. Wenn die Lokomotive z.B. internationale Schnellzüge führte, schien sie die Reisezugwagen noch zu überragen.
Ihre wichtigsten Hauptdaten waren diese: Zylinder mit 546 mm Durchmesser und 660 mm Kolbenhub, Treibräder mit 1753 mm Durchmesser, ein Kesseldruck von 16,1 kp/cm² (157,0 N/cm²) und eine Zugkraft von 15380 kp (rund 15,4 t). Das Dienstgewicht der Maschine allein betrug 84 t und das des Tenders 62 t. Diese Lokomotiven waren noch bis Ende der sechziger Jahre bei der Deutschen Bundesbahn im Einsatz zu sehen.

63 **Tschechoslowakische Staatsbahnen:**
Schnellzuglokomotive der Serie 498.1, Achsfolge 2'D1'

Diese in der Tat sehr eindrucksvollen Lokomotiven wurden 1950 bei den Skoda-Werken in Pilsen gebaut, und sie sind typisch für die Eleganz der technischen Gestaltung, wie sie sich an den damaligen neueren Maschinen in der Tschechoslowakei darbietet. Zu den wesentlichen konstruktiven Merkmalen gehören die Barrenrahmen, Wälzlager an allen Achsen, ein mechanischer Kohlebeschicker, ein thermisches Absauggebläse in der Feuerbüchse sowie Blasrohr und Schornstein mit doppeltem Luftkanal nach Kylchap. Die Lokomotiven haben drei Zylinder mit je einer eigenen Ventilsteuerung. Während der Führerstand und die Windleitbleche ihrem Aussehen nach „mitteleuropäisch" sind, erscheinen die allgemeinen Proportionen in ihrer Wirkung als gediegen schön (vgl. Nr. 61).
Die drei Zylinder haben einen Durchmesser von 500 mm und einen Kolbenhub von 681 mm; die Treibräder sind 1829 mm groß, der Kesseldruck erreicht 16,1 kp/cm^2 (157,0 N/cm^2), und die Anfahrzugkraft beträgt 18920 kp (18,9 t). Die Verdampfungsfläche des Kessels ist mit 228,4 m^2 sehr groß; der Überhitzer hat eine Oberfläche von 74 m^2 und der Heizrost der Feuerbüchse von 4,8 m^2. Das volle Dienstgewicht der Lokomotive allein ist 114,2 t und des Tenders 81,1 t. Die Dauerhöchstgeschwindigkeit im Betrieb liegt bei 120 km/h.

64 **Deutsche Reichsbahn** (DR) (DDR):
Eine umgebaute Lokomotive der Reihe 01, Bauart „Pacific" (2'C1')

Nach dem Zweiten Weltkrieg wurde das ehemalige Deutsche Reich in drei Teile gespalten, und jener Teil, der durch die UdSSR militärisch besetzt wurde und sich heute offiziell Deutsche Demokratische Republik (DDR) nennt, hat ein Eisenbahnnetz mit der gleichen Bezeichnung wie das des ehemaligen Reiches – Deutsche Reichsbahn (DR). Der ursprüngliche Lokomotivenpark in diesem Gebiet bestand aus vielen früheren preußischen Baureihen und solchen der alten Reichsbahn. In der hier interessierenden Zeit gab es eine Reihe nennenswerter Entwicklungen. Im Bild gezeigt ist eine der vertrauten „Pacific"-Maschinen der Baureihe 01, die weitgehend umgebaut und modernisiert wurde. Diese Lokomotiven sind ausgerüstet mit größeren Kesseln, haben „Boxpok"-Naben für die Treibachsen und ein stromlinienförmiges Aussehen durch den angemalten weißen „Besatz", der sich über Führerstand und Schlepptender fortsetzt. Einige dieser Maschinen wurden mit dem Giesl-Ejektor ausgerüstet. Als Umbauten haben sie Zylinder mit 600 mm Durchmesser und 660 mm Kolbenhub, einen Treibraddurchmesser von 2000 mm und einen Kesseldruck von 16,1 kp/cm^2 (157,0 N/cm^2).

65 **British Railways:**
Dieselelektrische Lokomotive der B.R.-Klasse 40, Typ 4, gebaut von der English Electric Company

Als der britische Eisenbahn-Modernisierungsplan in Angriff genommen wurde, war eine der ersten neueingeführten Schnellzuglokomotiven eine unmittelbare Weiterentwicklung der ursprünglichen dieselelektrischen Maschinen mit der Nummer 10000 von der London, Midland and Scottish Railway. Diese neue Lokomotive hatte die Achsfolge 1'Co'Co'1' und eine verbesserte Version der gleichen ausgezeichneten Dieselmotoren sowie elektrischen Fahrmotoren der English Electric Company. Einige der ersten Lieferungen der neuen Baureihe wurden an die Linie der Great Eastern Railway in Ostengland überstellt, wo sie unmittelbar mit den schnellen Zügen zwischen Liverpool Street (London) und Norwich ihre hervorragende Arbeit begannen. Mit einer Motorenleistung von 2030 PS (1690 kW) und einer Zugkraft am Zughaken von 1734 PS (1275 kW) konnten sie jede Aufgabe bei der Great Eastern mit Leichtigkeit bewältigen und in Mittelengland viele schwere Züge führen, die von der Londoner Euston Station nach Norden gingen. Die Lokomotiven erreichten nicht die Höchstleistung der Stanierschen „Pacific"-Dampflokomotiven der „Duchess"-Klasse, aber sie konnten praktisch alles andere schaffen und erwiesen sich dabei als eine sehr wertvolle und zuverlässige Erwerbung. Weitere Maschinen gingen nach Schottland, wo sie auf der Strecke an der Ostküste nördlich von Edinburgh arbeiteten. Insgesamt wurden 200 Exemplare angeschafft. Nach neueren Maßstäben würde man sie entsprechend ihrer Zugkraft als ziemlich schwer beurteilen – 136 t bei 2030 PS (1490 kW). Aber sie waren sehr betriebssichere Einheiten und bei Bedarf durchaus in der Lage, hohe Geschwindigkeiten zu fahren.

66 **British Railways:**
Dieselhydraulische Lokomotive der B.R.-Klasse 52, eingesetzt in Westengland

In der ersten Phase des britischen Eisenbahn-Modernisierungsplans wurde den einzelnen Bezirken der British Railways ein gewisser Spielraum gewährt, damit sie jene Art der Traktion wählen konnten, die sie für ihre individuellen Anforderungen als am geeignetsten betrachteten. Während die Bezirke, die für den Dienst an der Ostküste zwischen England und Schottland verantwortlich sind, sich auf die Lokomotiven der „Deltic"-Klasse festlegten, entschieden sich die westlichen Bezirke der British Railways nach langen Untersuchungen für das dieselhydraulische System der Kraftübertragung, das seinerzeit gerade in einem umfassenden Maßstab von der Deutschen Bundesbahn eingeführt wurde. Auf die frühere Einführung der „Warship"-Serie mit einer Motorstärke von rund 2250 PS (1654 kW) folgte 1961 die Indienststellung der größeren und leistungsfähigeren Lokomotiven der „Western"-Serie. Ein Teil dieser starken Maschinen – mit 2750 PS (2020 kW) – wurde in Swindon und weitere in Crewe gebaut. Sie haben Maybach-Motoren vom Typ MD655V und das gut bewährte Voith-System der hydraulischen Kraftübertragung. Alle Lokomotiven haben einen Namen erhalten, wobei stets das Wort „Western" vorangestellt ist: *Western Enterprise*, *Western King*, *Western Explorer*, *Western Ranger* (s. Bild) usw. Nach den bei neuen Modellen meist unvermeidlichen Kinderkrankheiten bewiesen alle einen hervorragenden Einsatz mit den schnellen Expreßzügen in Westengland. Die ersten Lokomotiven der „Western"-Serie hatten einen khakibraunen Anstrich; später verwandte man Purpurrot, wie das Bild zeigt, das dann durch das jetzige Einheitsblau der British Railways abgelöst wurde.

67 **British Railways:**
Prototyp der dieselelektrischen Lokomotiven von der „Deltic"-Klasse, gebaut von der English Electric Company

Bei allen früheren Anwendungen des Dieselmotors für die Eisenbahntraktion, so bei dem berühmten Motortyp 567 der General Motors Corporation in den USA, bei den Motoren der English Electric Company für den Prototyp Nr. 10000 der London, Midland and Scottish Railway (s. Bild 31) sowie bei der nachfolgenden Weiterentwicklung, der B.R.-Klasse 40 (s. Bild 65), wurden langsamlaufende Schiffsmotoren verwendet, deren Zylinder in V-Form angeordnet sind. Die English Electric Company stieß in Neuland vor, als sie 1955 eine Versuchslokomotive baute, die auf der leichten, von D. Napier & Son, Ltd., entwickelten Schnellfahrlokomotive der „Deltic"-Klasse basierte. Dies ermöglichte es, eine Einheit von stark erhöhter Leistung bei verringertem Gewicht zu konzipieren. Die Motorstärke war nicht weniger als 3360 PS (2425 kW), und das Gesamtgewicht betrug nur 108 t.
Diese Versuchslokomotive wurde an die British Railways ausgeliehen, und sie verrichtete einige äußerst schwere Aufgaben. Aber wegen konstruktiver Beschränkungen konnte man sie nicht allgemein einsetzen. Später wurde ein Auftrag über 22 ähnliche Lokomotiven erteilt, die seither den schnellsten und schwersten Expreßzugverkehr auf der Hauptlinie an der Ostküste zwischen Kings Cross (London) und Edinburgh führten. Die Prototyp-Maschine mit ihrem lebhaften Anstrich wurde von der English Electric Company dem Science Museum in London geschenkt.

68 **Great Western Railway** (England):
Gasturbinen-Versuchslokomotive mit einer Leistung von 2500 PS (1865 kW)

In der Zeit nach 1945, als die Brennstoffsituation in Großbritannien äußerst angespannt war, begann die Great Western Railway Versuche mit Gasturbinenlokomotiven, die elektrische Fahrmotoren haben. Zur selben Zeit wurde gerade eine Reihe von Dampflokomotiven auf Ölfeuerung umgestellt. Untersuchungen in Verbindung mit der bekannten schweizerischen Firma Brown, Boveri & Cie. AG (BBC) ließen vermuten, daß die Brennstoffkosten durch Verwendung von Gasturbinen halbiert werden könnten. Man arbeitete den Entwurf einer Lokomotive aus, die eine den 2'C-Dampflokomotiven der „King"-Klasse gleichwertige Leistung aufwies. Die Gasturbine trieb einen Generator zur Erzeugung der Elektrizität an, mit der ihrerseits die elektrischen Fahrmotoren gespeist wurden. – Die Maschine war ausgelegt für eine Zug-

kraft am Zughaken von etwa 5 t bei 95 km/h und etwa 3 t bei 145 km/h, wobei beide Werte beträchtlich über der Leistung der „King"-Klasse lagen.
Im Jahre 1948 ging die Lokomotive in Betrieb, und sie zeigte hervorragende Leistungen. Aber es gab viele beiläufige Schwierigkeiten, und als mit der Verstaatlichung der britischen Eisenbahnen im selben Jahr der Beschluß gefaßt wurde, alle Formen der Traktion außer dem Dampfbetrieb auf den Hauptstrecken vorübergehend einzustellen, fand dieses bemerkenswerte und vielversprechende Experiment ein Ende.

69 **Wappen der Rhodesia Railways**

Unter den Nummern 34 bis 37 sind die Wappen von vier staatlichen Eisenbahnen Australiens abgebildet und beschrieben. Dazu fiel die Bemerkung, daß sie nicht an den Lokomotiven und Wagen angebracht werden, wie das in Großbritannien der Brauch zu sein pflegte. Im Gegensatz hierzu führen die Rhodesia Railways das Wappen an allen Personen- und Reisezugwagen der Gesellschaft. Es besteht aus dem Wappen des Staates Rhodesien, das nicht von dem traditionellen „Hosenband" der englischen Heraldik, sondern von einem einfachen Ringgurt umgeben ist. Der Schild zeigt die Symbole, die auf der ehemaligen britischen Kolonialflagge erschienen. Den Schild halten Antilopen, und auf dem Helm sitzt ein goldfarbener Zimbabwe-Vogel, ähnlich den Figurinen aus Speckstein, die man in den Ruinen der Stadt Zimbabwe entdeckte.

70 **Wappen der South African Railways**

Dies ist eines der vielgestaltigsten Wappen von heutigen Eisenbahngesellschaften. Es besteht aus dem Schild der Republik Südafrika, der von typischen afrikanischen Tieren der Antilopenspezies getragen wird, und einem auf dem Helm sitzenden Löwen. Die vier Felder des Schilds enthalten die Symbole der vier Provinzen, die 1910 die Südafrikanische Union bildeten: Im ersten Feld die Göttin der Hoffnung, einen Anker haltend – das Symbol der Provinz Kap der Guten Hoffnung; im zweiten Feld zwei wilde Ochsen – Symbol der Provinz Natal; im dritten ein Orangenbaum – Symbol des Oranjefreistaates; und im vierten Feld ein südafrikanischer Treck- oder Reisewagen – das Symbol der Provinz Transvaal. Dieses Wappen, wie großzügig und bedeutungsreich es auch ist, erscheint normalerweise nicht auf einem Fahrzeug der South African Railways.

71 **Malayan Railways:**
Wappen mit Helm, verliehen im Jahre 1957

Das Wappen der Malayan Railways wurde der Verwaltung im Mai 1957 von seiner Hoheit, dem Sultan von Selangor, verliehen, in dessen Herrschaftsgebiet die Direktion der malaiischen Eisenbahnverwaltung ihren Sitz hat.
Die Figur im Schild stellt einen Y-förmigen, umgedrehten Mantel dar (Pallium), der einen Halbmond mit einem elfzackigen Stern zwischen den Spitzen trägt. Über einem Ge-

winde, das ein Girlandentuch mit den Staatsfarben auf dem Helm festhält, setzt ein Tiger zum charakteristischen Sprung an.
Der Tiger ist das traditionelle Symbol der ehemaligen Föderation der malaiischen Staatsbahnen und der malaiischen Eisenbahnverwaltung. Das umgedrehte Pallium repräsentiert das Wappen von Singapur in Grün, der Farbe des Islams (anstelle von Rot, wie im Wappen von Singapur selbst). Der Stern mit den elf Zacken stellt die elf Staaten dar, die im Malaiischen Bund zusammengeschlossen sind.

72 **British Railways:**
Das erste Hoheitszeichen

Nach der Verstaatlichung der britischen Eisenbahnen wurde eine Art Plakette oder Abzeichen entworfen. Verglichen mit einigen der Wappen, wie sie von den alten Gesellschaften in den Tagen vor der Verstaatlichung geführt wurden, ist das Hoheitszeichen der British Railways äußerst einfach. Es besteht aus nicht mehr als dem britischen Löwen, der über einem Radkranz steht – dem Symbol für den Eisenbahntransport.

73 **Rhodesia Railways:**
Beyer-Garratt-Lokomotive der 20er-Klasse, Achsfolge 2'D1'-1'D2'

Die Rhodesische Eisenbahn gehört zu den größten Besitzern von Gelenklokomotiven der Bauart Beyer-Garratt in der Welt. Zusätzlich zu den gefeierten Maschinen der Klasse 15 mit der Achsfolge 2'C2'-2'C2', die die Postzüge zwischen Bulawayo und Mafeking führen und anderswo im allgemeinen auf Hauptstrecken eingesetzt werden, kaufte man verschiedene kleinere Baureihen für den Betrieb auf Strecken, wo technische Beschränkungen eine strenge Begrenzung der Achslast vorschreiben. Aber für die allerschwersten Aufgaben, besonders für Güterzüge auf der nördlichen Hauptstrecke bis zu den Victoria-Fällen, werden riesige Lokomotiven mit der Achsfolge 2'D1'-1'D2' verwendet. Diese sind die stärksten bei der Rhodesischen Eisenbahn. Ihre vier Zylinder haben einen Durchmesser von 508 mm und einen Kolbenhub von 660 mm; die Treibräder sind 1295 mm groß, der Kesseldruck beträgt 14,1 kp/cm^2 (138,0 N/cm^2), und die Zugkraft liegt bei 31475 kp (31,5 t). Die Rostfläche der Feuerbüchse ist 5,85 m^2 groß, und damit eine ununterbrochene Dampf-Erzeugung während der schwierigsten Fahrtbedingungen gesichert ist, wurde ein mechanischer Kohlebeschicker eingebaut. Diese gewaltigen Lokomotiven wiegen insgesamt 230 t; sie werden regelmäßig für Frachtzüge von 1500 bis 1700 t eingesetzt. Trotz ihrer kleinen Treibräder laufen sie sehr leicht und außergewöhnlich ruhig bei Geschwindigkeiten von rund 70 km/h auf den Gleisen mit einer Spurweite von 1067 mm.

74 **New Zealand Government Railways:**
Dieselelektrische Lokomotive der Serie Da, Baujahr 1955

Als die Neuseeländischen Staatsbahnen die Dieseltraktion auf Hauptstrecken einführten, folgten sie einer Tradition, die sich in vielen Ländern

allgemein durchgesetzt hatte: Sie entschieden sich für die Bauweise mit dem Führerstand am vorderen Ende der Lokomotive („nose-cab"), wie sie in den USA kurz vor dem Zweiten Weltkrieg eingeführt worden war. Die ersten Exemplare dieser Bauweise haben die Neuseeländischen Staatsbahnen 1954 von der English Electric Company eingekauft. Im Anschluß daran jedoch – 1955/56 – erwarben sie eine Anzahl von Diesellokomotiven der „zweiten Generation": das Standardmodell G.12 von General Motors, bei dem der Führerstand weiter hinten, etwa über der Mitte des ersten Drehgestells, aufgesetzt ist („hoodcab"). Fünfzehn Stück dieses ersten Auftrags wurden in Kanada gebaut, und zwar in London, Ontario, und der Rest in den USA. Als Baureihe Da der New Zealand Government Railways erwiesen sich die Lokomotiven als ein voller Erfolg, so daß ein stark beschleunigter Betrieb auf der Hauptstrecke der Nordinsel möglich wurde. Ihre Nennleistung beträgt 1450 PS (1068 kW) bei einem Eigengewicht in betriebsbereitem Zustand von 77,5 t.
Der große Vorzug dieser Triebfahrzeuge war, daß man eine zweite Einheit vorspannen konnte und dennoch nur eine einzige Bedienungsmannschaft benötigte. Seither wurden viele weitere Lokomotiven in Auftrag gegeben, einige bei der Clyde Engineering Company in Australien und ein größerer Posten bei General Motors in Kanada.

75 **Rhodesia Railways:**
Vierter-Klasse-Reisezugwagen, eingesetzt auf Hauptstrecken

Der Bestand an Reisezugwagen bei den Rhodesia Railways ist überwiegend von sehr schöner und moderner Gestaltung. Der abgebildete Vierter-Klasse-Wagen ist beispielhaft für die Fahrzeuge, wie sie bei den Post- und anderen Fernzügen Verwendung finden. Die Farben sind, wie aus dem Bild zu ersehen ist, jene der englischen Great Western Railway, nämlich Schokoladenbraun und Cremefarbe, und das Wappen ist in der Mitte des Wagenkastens aufgemalt (vgl. Bild 69). Dieser Reisezugwagen gehört einer Serie an, die von der Metropolitan Cammell Ltd. 1965 gebaut wurde. Die Gesamtlänge über die Spindelstöcke beträgt 19330 mm und die Breite über die Wagenverkleidung 2820 mm. Das großzügige Lademaß in Rhodesien läßt es zu, trotz der geringen Spurweite von 1067 mm sehr breite Fahrzeuge zu verwenden. Die Gesamthöhe über der Schiene ist ziemlich die gleiche wie bei den britischen Reisezugwagen, nämlich 3860 mm. Das Leergewicht beträgt 31,1 t. – Die Reisezugwagen fahren sehr angenehm auf den gut gewarteten Gleisen, bei Geschwindigkeiten bis etwa 90 km/h. Das ist die gewöhnlich von den wichtigen Schnellzügen nördlich und südlich von Bulawayo erreichte Spitzengeschwindigkeit.

76 **Benguela-Bahn, Portugiesisch-Westafrika** (Angola):
Holzbefeuerte Lokomotive mit der Achsfolge 2'D1'

Die Benguela-Bahn verläuft von den Städten Benguela und Lobito an der Westküste Angolas fast genau in Richtung Osten. Seit ihren Anfängen gab es das Problem mit dem Brennstoff für die Lokomotiven. Glücklicherweise erbrachte das einheimische Eukalyptusholz ein angemessenes, wenn auch schnell verbrennendes Heizmaterial, so daß der Betrieb der Eisenbahn auf der Grundlage organisiert wurde, das Holz in einem großen Maßstab zu verbrauchen. Die Verwaltung pflanzt Bäume in Waldgürteln an, die sich über Hunderte von Kilometern zu beiden Seiten der Bahnlinie hinziehen und im Turnus geschlagen werden. Entsprechend für Holzfeuerung sind die Lokomotiven ausgelegt. Zusätzliches Personal fährt auf der Plattform der Lokomotiven mit und hilft die auf die richtige Länge zugeschnittenen Holzscheite nach vorn zum Heizer zu reichen, der sie in die Feuerbüchse befördert. Obwohl auf der Linie sehr große Lokomotiven von der Bauart Beyer-Garratt eingesetzt werden, gibt es auch viele kleinere Maschinen moderner Konzeption. So gehört die im Bild gezeigte einer Serie an, die 1951 von der North British Locomotive Company gebaut wurde. Sie hat Zylinder von 533 mm Durchmesser und 660 mm Kolbenhub, 1372 mm große Treibräder, einen Kesseldruck von 14,1 kp/cm² (138,0 N/cm²) und eine Zugkraft von 16 435 kp (16,4 t). Der Feuerrost ist groß und der Kessel länger als bei Lokomotiven in Äquatorialafrika, die mit Kohle oder Öl befeuert werden.

77 **British Railways:**
Elektrische Lokomotive vom Typ AL6 mit der Achsfolge Bo'Bo', eingesetzt im Bereich London–Mittelengland

Als die Elektrifizierung der Hauptlinie zwischen Euston (London) und Liverpool bzw. Manchester gebilligt worden war, erging an die britischen Lokomotivenhersteller die Ausschreibung, Entwürfe für neue Lokomotiven vorzulegen, die sich bei jeder Einheit innerhalb einer allgemeinen Spezifikation bewegen sollten. So hatte die Achsfolge Bo'Bo' eine maximale Leistung von 3360 PS (2470 kW) aufzuweisen und ein Eigengewicht von 82 t nicht zu überschreiten. Dieser weite Bereich bezog sich auf den Erfolg der in der Schweiz und in Frankreich eingeführten Lokomotiven mit voller Haftreibung. In Frankreich verrichteten die Lokomotiven auf der elektrifizierten Strecke Paris–Lille Aufgaben, die den im Bereich London–Mittelengland geforderten sehr ähnlich waren.

In England wurden Lokomotiven von fünf verschiedenen Firmen gebaut. Auf Grund der bisherigen Erfahrungen wurde die Standardbaureihe AL6 für den Einsatz in Mittelengland entwickelt. Die Maschinen erwiesen sich als sehr erfolgreich, und sie leisteten die sehr schnellen, neuen Dienste gleichmäßig und zuverlässig. Die Hauptforderung war gewesen, mit Zügen aus zwölf Reisezugwagen die Fahrzeiten einige Minuten unter zwei Stunden für die 255 km lange Strecke zwischen Euston und Crewe einzuhalten. Dennoch zeigten sie sich sogar angesichts der knapp bemessenen Zeiten, wenn Verspätungen eintraten, in der Lage, bis zu zehn Minuten aufzuholen.

Inzwischen ist die Elektrifizierung der Strecke bis Glasgow ausgedehnt, und hierfür wurden verbesserte Lokomotiven geplant, die Baureihe AL7. Sie haben die annähernd gleiche Zugkraft wie die Maschinen der Baureihe AL6, enthalten aber eine Anzahl größerer konstruktiver Entwicklungsdetails. Die Lokomotiven werden eine Fünf-Stunden-Verbindung über die etwa 650 km lange Strecke zwischen Euston und Glasgow übernehmen.

78 **Deutsche Bundesbahn** (DB): Elektrische Schnellzuglokomotive der Baureihe E10, Achsfolge Bo'Bo'. 4490 PS (3300 kW)

In Übereinstimmung mit der allgemeinen Linie in der Entwicklung elektrischer Lokomotiven in Europa entschied sich auch die Deutsche Bundesbahn für neue Hochleistungstriebfahrzeuge der Bauart Bo'Bo' mit voller Haftreibung, von denen sie dann die ersten 1952 eingeführt hat. Zunächst wurden fünf Prototypen in Dienst gestellt, und die erfolgreichen Versuche mit diesen Maschinen führten dann zur Standardisierung der Baureihe E10 ab 1957. Die Prototypen begrenzte man auf eine Höchstgeschwindigkeit von 130 km/h, aber die Einheiten aus der nachfolgenden Serienfertigung waren ausgelegt für 150 km/h. Einige mit einem Spezialantrieb ausgestattete Exemplare derselben Einheitsbaureihe sah man für den schnellen „Rheingold"-Expreß vor und stimmte sie im Anstrich auf dessen Reisezugwagen ab. Diese Züge des „Rheingold"-Expreß haben eine maximale Reisegeschwindigkeit von 160 km/h.
Die Lokomotiven der Baureihe E10, mit E10¹ bezeichnet, um sie von den fünf Prototypen aus dem Jahre 1952 zu unterscheiden, haben eine (einstündige) Kurzleistung von 4490 PS (3300 kW). Sie fahren nur innerhalb des einheitlichen deutschen Bahnstromsystems, das mit 15 000 V Einphasen-Wechselstrom bei einer Frequenz von 16⅔ Hz gespeist wird. Ihre hohe Anfahrzugkraft liegt bei 26 t. Mit einem Eigengewicht von 84 t haben sie eine der englischen Baureihe AL6 (vgl. Nr. 77) und der französischen Baureihe 9200 sehr ähnliche technische Auslegung. Diese beiden verdanken ihre Anregung – wie die deutsche Baureihe E10¹ – dem Erfolg der schweizerischen Ae 4/4 von der Bern–Lötschberg–Simplon-Bahn (vgl. Nr. 50). (Anm. d. Übers.: Die heutige Baureihenbezeichnung für E-Loks bei der Deutschen Bundesbahn verwendet nicht mehr ein „E" an erster Stelle, sondern die Ziffer „1". So heißt z.B. die Baureihe E10 nunmehr „110".)

79 **Rhätische Bahn** (Schweiz): Elektrische Lokomotive der Baureihe Ge 6/6, Achsfolge BoBoBo

Die Rhätische Bahn ist eine der faszinierendsten in der ganzen Schweiz. Sie hat eine Spurweite von 1000 mm und stellt den Hauptverkehrsweg im Kanton Graubünden dar, mit Zugang zum Engadin und zum Bernina-Paß. Auf ihr verkehrt der bekannte „Glacier-Express", der Kurswagen von St. Moritz und Chur nach Zermatt mitführt. Die Linie weist die steilsten Steigungen in Europa auf, die mit normaler Haftreibung bewältigt werden. Das gilt auch für einen Streckenabschnitt von etwa

27 km Länge, der ein Steigungsverhältnis von nicht weniger als 1:14 hat. Es läßt sich gut verstehen, daß für eine solche Strecke sehr starke und leistungsfähige elektrische Lokomotiven gebraucht werden. Das Bild zeigt eine Maschine aus neuerer Fertigung; sie ist 1958 in Dienst gestellt worden. Von dieser Baureihe mit der Achsfolge BoBoBo existieren sieben Lokomotiven. Sie werden mit dem einheitlichen schweizerischen Bahnstromsystem von 15 000 V Einphasen-Wechselstrom bei einer Frequenz von 16⅔ Hz betrieben. Ihre Höchstgeschwindigkeit ist 75 km/h; bei einer Geschwindigkeit von 45 km/h entwickeln sie 2450 PS (1800 kW). – Ältere Lokomotiven der Rhätischen Bahn haben einen hellroten Anstrich ähnlich dem der Lokomotiven von der Bern–Lötschberg–Simplon-Bahn. Nunmehr ist für Lokomotiven und Wagen ein einheitlich grüner Anstrich gewählt worden.

80 **South African Railways:**
Elektrische Lokomotive der Baureihe 5E1 für Mehrzweckbetrieb auf Hauptstrecken

Während die Südafrikanischen Eisenbahnen schon seit Beginn des Zeitraums, den dieses Buch behandelt, mit an erster Stelle in der Anwendung der Dampflokomotive standen, haben sie auch immer die Politik verfolgt, das elektrische Bahnnetz allmählich zu erweitern, und zwar von Transvaal aus nach Süden und von der Kap-Provinz aus nach Norden. Die Entwicklung der elektrischen Traktion ist sehr bemerkenswert gewesen. Entsprechend dem Trend der Betriebspraxis in Europa gab man der Achsfolge Bo'Bo' den Vorzug, und 1955 wurde ein Auftrag über einen großen Posten neuer Lokomotiven von 2000 PS Kurzleistung (1470 kW) an die English Electric Company erteilt. Der Entwurf führte zu der sehr erfolgreichen Baureihe 5E1, von der eine Lokomotive abgebildet ist.
Von der ursprünglichen Baureihe 5E ausgehend, wurde bei der „5E1“ die Kurzleistung auf nicht weniger als 2600 PS (1910 kW) erhöht. Dies hat die Kurzleistung in PS je Tonne des Lokomotivgewichts von 24,1 auf 31,3 gesteigert – eine bemerkenswerte Konstruktionsleistung. Von der Baureihe 5E sind 158 Lokomotiven in Betrieb und von der Baureihe 5E1 nicht weniger als 500. Dies bedeutet nicht die Grenze der südafrikanischen Entwicklung in der elektrischen Traktion, denn auf die Baureihe 5E1 folgte die Baureihe 6E, die eine Kurzleistung von nicht weniger als 3380 PS hat (2480 kW).

81 **East African Railways** (Kenia):
Beyer-Garratt-Lokomotive der 59er-Klasse, Achsfolge 2'D1'-1'D2'

Die Hauptlinie der ehemaligen Kenia- und Uganda-Bahn ist in jeder Hinsicht eine Eisenbahnstrecke durch Gebirgsland. Auf ihrem verkehrsreichsten Abschnitt, den gut 500 Kilometern zwischen der Hafenstadt Mombasa am Indischen Ozean und der Hauptstadt Nairobi, klettert sie auf 1675 m über dem Meer; darin sind lange Strecken enthalten, die unausgeglichene Steigungen im Verhältnis 1:60 aufweisen. Die Linie ist auf ihrer ganzen Länge eingleisig, und die Kreuzungspunkte, wo zwei Züge aneinander vorbeifahren können, liegen bis zu 13 km weit auseinander. Wegen der geringen Geschwindigkeiten trat bald die Situation ein, daß die Linie bis zur maximalen Zuglaufkapazität ausgelastet war. Die einzige Möglichkeit, die Transportleistung zu erhöhen, bestand deshalb darin, die Ladungen zu vergrößern. Glücklicherweise waren die Gleise so weit verbessert worden, daß Achslasten von mehr als 20 t zugelassen werden konnten; außerdem ermöglichten es die gewaltigen, 1955 eingeführten Garratt-Lokomotiven der Baureihe 59, die Ladungen der Güterzüge auf 1200 t zu erhöhen. Diese Maschinen, die größten in der Welt überhaupt, die auf der Einmeter-Spurweite fahren, haben vier Zylinder zu je 520 mm Durchmesser und 711 mm Kolbenhub, Treibräder von 1372 mm Durchmesser, einen Kesseldruck von 15,8 kp/cm^2 (155,2 N/cm^2) und eine Zugkraft von nicht weniger als 37 840 kp (37,8 t). Sie werden mit Öl befeuert und haben eine Rostfläche von 6,7 m^2. Ihr Dienstgewicht beträgt insgesamt 256 t.

82 **South African Railways:**
2'D1'-Schnellzuglokomotive der Baureihe 23

In dem vorhergehenden Band dieser Buchreihe, *Die Blütezeit der Dampfeisenbahn 1920–1940*, wurde die sehr leistungsstarke Mehrzweck-Lokomotive der Baureihe 15F mit der Achsfolge 2'D1' abgebildet und beschrieben. Der Erfolg dieser Maschinen und ihr leichter Lauf haben die South African Railways bewogen, einheitlich auf Lokomotiven mit vier Kuppelachsen überzugehen, auch für den Schnellzugbetrieb. So wurde eine neue Baureihe von 2'D1'-Maschinen eingeführt, im allgemeinen der „15F" ähnlich, außer daß ihre Treibräder von 1524 mm im Durchmesser auf 1600 mm vergrößert waren und – obwohl es beim gleichen Kessel blieb – der Kesseldruck nunmehr 15,8 kp/cm^2 (155,2 N/cm^2) betrug. Die Lokomotiven der Baureihe 23 lassen sich leicht von jenen der Baureihe 15F unterscheiden, denn sie haben riesige vierachsige Tender. Die Ladekapazität für Kohle und Wasser beträgt 18 t bzw. 43 m^3 gegen 12 t bzw. 27 m^3 bei der Baureihe 15F. Auch sind die Maschinen der Baureihe 23 mit einem mechanischen Kohlebeschicker ausgerüstet. Dieser arbeitet so: Vom Tender aus wird die Kohle mit Hilfe einer Förderschnecke zunächst zu einer teleskopartig ausziehbaren Behältereinheit zwischen dem Tender und dem Führerstand befördert. Von dort gelangt die Kohle über ein Becherwerk auf den Verteilertisch und wird dann mit Hilfe von Dampfstrahlrohren an die gewünschten Punkte in der Feuerbüchse geblasen. – Von der Baureihe 23 existieren 136 Lokomotiven, die alle in Deutschland gefertigt worden sind. Heimatbahnhof der meisten von ihnen ist Bloemfontein; eingesetzt sind sie im westlichen und südlichen Netzbereich.

83 **South African Railways:**
Lokomotive der Baureihe 24 für leichten Betrieb auf Nebenstrecken, Achsfolge 1'D2'

Während die Südafrikanischen Eisenbahnen damit fortfuhren, Lokomotiven großer Stärke für den schweren Einsatz auf Hauptstrecken zu entwickeln, zogen sie die älteren Typen, die auf Nebenlinien ihren Dienst versahen, schrittweise aus dem Verkehr. So wurde kurz nach 1945 ein völlig neues Baumuster entworfen, und zwar speziell für Strecken, auf denen die größte Achslast 11 t nicht überschreiten konnte. Diese Lokomotiven waren insofern bemerkenswert, als sie die ersten mit einem Gußstahlrahmen aus einem Stück darstellten, die jemals in Großbritannien gefertigt wurden; die Zylinder waren mit diesem Rahmen integriert. Dies war eine hervorragende Methode, das Gewicht zu verringern.
Die Lokomotiven der Baureihe 24 wurden von der North British Locomotive Company gebaut, und sie erwiesen sich als äußerst hervorragend. Sie hatten einen Tender vom Typ Vanderbilt, bei dem der Wassertank zylindrisch wie ein Kesselwagen ist, dann eine große Feuerbüchse für minderwertigen Brennstoff und einen ausgezeichnet dimensionierten Kessel. Die Nenn-Zugkraft dieser großartigen Maschinen beträgt 12 530 kp (12,5 t). Bis jetzt sind einhundert ihrer Bauart im Bereich der Südafrikanischen Eisenbahnen im Einsatz.

84 **South African Railways:** Neues Signalstellwerk in Kapstadt

Dieses eindrucksvolle Beispiel einer modernen und zweckmäßigen Eisenbahnarchitektur stellt einen der neuesten Schritte in der Entwicklungskette verkehrstechnischer Steuerverfahren dar.
Die Eisenbahn in dem, was seinerzeit die Provinz Kap der Guten Hoffnung bildete, nahm ihren Anfang im Jahre 1860 in Durban; aber diesem ersten Schritt folgte man in Kapstadt nur wenige Monate später. Innerhalb sehr kurzer Zeit wurde Kapstadt ein bedeutender Sammelbahnhof. Der Postdienst aus England wurde ausschließlich über seinen Hafen geleitet, und vornehme Schnellzüge verkehrten zu den wachsenden Städten in Transvaal und Rhodesien. Obwohl in der Nähe – in Salt River Junction – eine interessante Einrichtung eines hydraulischen Stellwerks installiert wurde, hatte Kapstadt selbst ein großes mechanisches Stellwerk, bis es im Jahre 1928 durch ein Farblichtsignalsystem, elektrisch gesteuerte Weichen und einen Stelltisch mit Kleinschalthebeln ersetzt wurde.
Dieses Stellwerk war insofern bemerkenswert, als es das erste Beispiel in der Welt war, bei dem für das Rangieren ein Positionslicht-Signalsystem angewandt wurde (d.h. ein System, bei dem die Signalbegriffe nach der Lage der farbigen Lichtpunkte zueinander unterschieden werden; d. Übers.). Dieses Signalsystem ist bei den Britischen Eisenbahnen als Einheitssystem eingeführt.
Das gegenwärtige Stellwerk ist die dritte Generation der Signalsteuerung. Bei ihr treten Drucktasten an die Stelle von Schalthebeln. Diese sind in einer Art und Weise angeordnet, die von den Ingenieuren der South African Railways für die dort gegebenen besonderen Anforderun-

gen ausgearbeitet wurde. Das Stellwerk ist seit 1967 in Betrieb.

85 **Société Nationale des Chemins de fer Français** (S.N.C.F.):
Der neue Lokomotiv-Rundschuppen in Avignon

Bei der allgemeinen Zerstörung der französischen Eisenbahnen in der Schlußphase des Krieges hatten die alliierten Luftangriffe in einem massiven Umfang unter anderem auch die Störung und Unterbrechung der Verkehrswege zum Ziel, um zu verhindern, daß deutsche Truppeneinheiten schnell in die Gebiete verlegt werden konnten, die von den amerikanischen und britischen Invasionsarmeen angegriffen wurden. Lokomotivparks und Verschiebebahnhöfe waren dabei Objekte erster Ordnung. Als die Zeit des Wiederaufbaus kam, behielten die Französischen Staatsbahnen für ihre Lokomotivdepots interessanterweise die Anlage des „Rundhaus"-Typs bei. Damit benutzten sie den während des ganzen Dampfzeitalters in Nordamerika konsequent angewandten Typ, und zwar im Gegensatz zur britischen Form des rechteckigen Längsschuppens. Das Bild, das den neuen Rundschuppen in Avignon zeigt, ist beispielhaft für viele derartige, von den Französischen Staatsbahnen nach dem Krieg errichtete Bauwerke. Bis die Elektrifizierung in den sechziger Jahren von Lyon aus nach Süden ausgedehnt wurde, war Avignon ein sehr bedeutender Standort für Dampflokomotiven. Dort waren auch einige der großen 2'D1'-Maschinen der Baureihe 241.P beheimatet (s. Bild 53), die für die hauptsächlichen Expreßzüge von Paris nach den Badeorten an der Côte d'Azur eingesetzt wurden. Avignon ist jedoch kein Aufenthaltspunkt mehr auf dieser Route, denn die elektrisch geführten Züge verkehren durchgehend von Paris bis Marseille.

86 **Canadian National Railways:**
Wärterstellwerk an einem Ablaufberg im Verschiebebahnhof von Toronto

Der „Toronto Yard", wie der Verschiebebahnhof von Toronto genannt wird, ist ein sehr ausgedehnter Betriebskomplex im Mittelpunkt des Streckennetzes der Kanadischen Staatsbahnen im Raum von Toronto. Der „Yard" wurde treffend als „neun Verschiebebahnhöfe in einem" bezeichnet: er bedeckt ein Gelände von mehr als vier Quadratkilometern mit einer Gleislänge von insgesamt 250 km. Das entspricht einem Abstellraum für etwa 11 000 der großen Drehgestellwaggons, wie sie gewöhnlich im nordamerikanischen Frachtverkehr verwendet werden.
Als Nervenzentrum des ganzen Bahnhofs dient ein sehr großer zentraler Kontrollturm, das sogenannte Befehlsstellwerk, und zusätzlich gibt es eine Reihe von kleineren „abhängigen" oder „Wärter"-Stellwerken, deren Aufgabe es ist, den Weg der Waggons oder Waggongruppen zu überwachen, die von den einzelnen Ablaufbergen abgestoßen werden. Das Bild zeigt eines dieser Wärterstellwerke, dessen Betriebsräume einen überhöhten Ausblick in alle Richtungen bieten. Darin

sind alle Steuereinrichtungen untergebracht, die zum Regeln der Geschwindigkeit der vom Ablaufberg rollenden Waggons dienen. Jeder Beobachter ist unweigerlich beeindruckt, wenn nicht gar eingeschüchtert von der imposanten Größe dieser Waggons, die beständig unter einer so wirksamen Kontrolle bewegt werden.
Einige der Güterwagen sind 18 m lang und so hoch, daß ihr oberster Teil weiß gestrichen werden mußte, damit man erkennen kann, wie weit sie vom Lademaß abweichen und auf welchen Strecken sie deshalb nicht laufen dürfen. Der übliche „Durchsatz" im „Toronto Yard" beträgt täglich etwa 6000 Güterwagen.

87 **Canadian Pacific Railway:**
Verschiebebahnhof St. Luc in der Nähe von Montreal

Dieser große Verschiebebahnhof war der erste in Kanada, der eine vollmechanisierte Rangiersteuerung bekam. 1962 in Betrieb genommen, war er dafür bemessen worden, im Durchschnitt täglich 120 ankommende und abgehende Güterzüge abzufertigen; da der Großteil dieser Züge rund 100 Drehgestellwagen lang ist, kann man sich das große Aufnahmevermögen dieses Verschiebebahnhofs gut vorstellen.
Der Verkehr wickelt sich in drei Hauptrichtungen ab. Die eine führt nach Toronto und in das südliche Kanada sowie in die USA, die zweite überquert den St.-Lorenz-Strom, wo sie sich gabelt – ein Ast zu den Provinzen an der Atlantikküste, der andere unmittelbar an die Pennsylvania und die New York Central Railroad der USA anknüpfend, die ihrerseits wieder bis Montreal vordringen. Die dritte Hauptverkehrsrichtung schließlich zieht sich nach Norden in den Raum von Quebec.
Zu den Anlagen in St. Luc gehört ein sehr großer Rundschuppen für Lokomotiven sowie Reparaturwerkstätten für Dieselmaschinen und Güterwagen. In der Zeit, als der Verschiebebahnhof in Betrieb genommen wurde, fuhren die meisten Züge noch mit Dampflokomotiven, und der Rundschuppen diente zur Aufnahme der größten Güterzugmaschinen. Lokomotiven für den Reisezugverkehr waren in diesem Depot nie beheimatet.

88 **Königliche Staatsbahnen von Thailand:**
Dieselhydraulische Schnellzuglokomotive

Bei Eisenbahnen, die in einem großen Rahmen die Dieseltraktion eingeführt hatten, gab es in einigen Fällen langwierige Diskussionen darüber, ob die elektrische oder die hydraulische Kraftübertragung die günstigeren Ergebnisse liefere. In der Bundesrepublik Deutschland wurde dem dieselhydraulischen System der Vorzug vor anderen gegeben, und die bekannte Henschel AG in Kassel, größte Lokomotivfabrik Europas, hatte zusätzlich zu ihren Lieferungen an die Deutsche Bundesbahn erfolgreiche Modelle exportiert, die speziell für tropische Bedingungen ausgelegt waren.
Die Königlichen Staatsbahnen von Thailand, fast ausschließlich auf Holz als Brennstoff für ihre Dampflokomotiven angewiesen, sind gegen-

wärtig dabei, allmählich zur Dieseltraktion überzugehen, und unter einer Vielzahl unterschiedlicher Systeme aus verschiedenen Teilen der Welt erschien ihnen das bei Henschel entwickelte dieselhydraulische als das erfolgreichste. Die Lokomotiven haben einen hohen Haftreibungskoeffizienten dank sehr niedrig liegender Drehgestellager und werden von einem Maybach-/Daimler-Benz-Dieselmotor mit einer Leistung von 1500 PS (1100 kW) angetrieben. Ihre Dauerhöchstgeschwindigkeit beträgt 90 km/h, und aus persönlicher Erfahrung auf dem Führerstand kann der Verfasser feststellen, daß diese Lokomotiven bei Höchstgeschwindigkeit ein sehr ausgeglichenes Fahrverhalten zeigen.

89 **Königliche Staatsbahnen von Thailand:**
Holzbefeuerte Schnellzuglokomotive der „Pacific"-Bauart, Achsfolge 2'C1'

Die Geographie von Thailand schreibt unabweislich die Ausdehnung des Eisenbahnnetzes in diesem Lande vor, unter anderem in der Form einer langen eingleisigen Linie nach Süden, die bei Padang Besar an die Malaiischen Eisenbahnen anknüpft. Die Linie zieht sich durch größtenteils dünnbesiedelte Gebiete, in denen überwiegend der Reisanbau betrieben wird. Während des Zeitraums, dem dieses Buch gewidmet ist, d.h. im Anschluß an die Umwälzungen des Krieges und die Besetzung Thailands durch feindliche Truppen, wurde die Hauptlinie nach dem Süden mit holzbefeuerten Lokomotiven befahren. Das Bild zeigt eine der gutaussehenden „Pacific"-Maschinen für die Einmeter-Spurweite, die aus Japan bezogen wurden und dementsprechend auch einige typisch japanische Merkmale aufweisen.
Das verwendete Holz stammt überwiegend ganz aus der Nähe; es wird von den Bauern zu den Stationen gebracht und ihnen an Ort und Stelle abgekauft. Es brennt schnell, und ein Tender, der bis zum Höchstmaß beladen ist, das die Ladenorm zuläßt, führt Brennmaterial für nicht mehr als etwa 250 km mit. Die Einsätze der Lokomotiven werden deshalb so festgelegt, daß ihre Reichweite diese Entfernung nicht übersteigt. Als Folge davon ist es erforderlich, die Maschinen auf der Fahrt nach dem Süden häufig zu wechseln.
Eine Güterzuglokomotive mit der Achsfolge 1'D1', die der 2'C1'-Maschine sehr ähnlich sieht, wurde ebenfalls aus Japan bezogen. – Die Diesellokomotiven, die im Norden und Osten Bangkoks verkehren, werden vermehrt, damit sie auf der Hauptlinie nach dem Süden den Betrieb allein übernehmen können.

90 **Malaiische Eisenbahnen:**
Dieselelektrische Lokomotive für den Einsatz auf Hauptstrecken; Leistung 1500 PS (1100 kW)

In der Bereitschaft, die gesamte Hauptlinie dieses interessanten Eisenbahnnetzes auf Dieseltraktion umzustellen, vergab man an die English Electric Company einen Auftrag über zwanzig Lokomotiven mit dem wohlbewährten Dieselmotor vom Typ 12 STV. Rahmen und Aufbau der Lokomotive waren von dem gewohnten „nose-cab"-Typ der ersten Generation (= Führerstand am vorderen Ende), und sie war sorgfältig an die besonderen klimatischen und anderen Fahrbedingungen dieser Eisenbahn in den Tropen angepaßt. Die Eigenschaften des dieselelektrischen Prinzips wurden sehr eingehend geprüft, so daß man ausreichend Zeit hatte, Werkstätten und Wartungseinrichtungen vorzubereiten und das Personal entsprechend zu schulen, bis die Lokomotiven aus England eintrafen. Damit gestaltete sich die Indienststellung der Maschinen von allem Anfang an als äußerst erfolgreich; es gab keinerlei Kinderkrankheiten, wie sie gewöhnlich bei einer solchen Umstellung der Traktionsform aufzutreten pflegen.

Die neuen Lokomotiven waren dafür bestimmt, die ganze, etwa 780 km lange Strecke von Singapur über Kuala Lumpur bis Prai zu bedienen und Anhängelasten von 450 t ohne zusätzliche Hilfe über den schwierigen Abschnitt des Taiping-Passes zu schleppen, wo es sehr lange Steigungen im Verhältnis 1:80 sowie schwierige Kurven zu bewältigen gibt. Ihre maximale Zugkraft beträgt 24500 kp (24,5 t) und ihre Dauerleistung 14000 kp (14 t) bei einer Geschwindigkeit von 20 km/h. Die höchste Reisegeschwindigkeit auf dieser Linie mit einer Spurweite von 1000 mm liegt bei 95 km/h. – Nach ihrer Indienststellung erhielten die Lokomotiven Namen von Blumen der einheimischen Flora Malaysias.

91 **Burmesische Eisenbahn:** Dieselhydraulische Mehrzweck-Lokomotive

Die Burmesische Eisenbahn verkehrt in einem Land mit einer Vielfalt extremer klimatischer und anderer geographischer Bedingungen. Die eine ist der tropische Dschungel mit seiner extremen Hitze und Feuchtigkeit, durch den die meisten Strecken führen; andere schwierige Gegebenheiten verursachen die außergewöhnlich starken Steigungen der Lashio-Linie mit langen Streckenabschnitten in einem Verhältnis von 1:25 und ständigen Kurven. In den Tagen des Dampfbetriebs fanden auf dieser Lashio-Linie die Gelenklokomotiven der Mallet-Bauart eine ihrer ersten Anwendungen außerhalb der USA; später wurden auch Lokomotiven der Bauart Beyer-Garratt eingesetzt. Beim Übergang auf Dieselbetrieb erhielt die Grundversion der dieselhydraulischen Lokomotive von Henschel – angepaßt an die schwierigsten tropischen Klimabedingungen – weitere besondere Einrichtungen, um den Anforderungen der langen Talfahrten auf der Lashio-Linie gerecht zu werden. Hier treten sämtliche Probleme des Bremsvorgangs in einer besonders verschärften Form zutage. Um das Überhitzen der Bremsklötze, den dadurch bedingten starken Verschleiß sowie die Gefahr des Schwindens der Bremskraft zu vermeiden, stattete man die neuen Lokomotiven mit einem dynamischen Bremssystem aus. Dieses System mit „Rückgewinnungsbremsung" kann bei nichtelektrischen Lokomotiven anwandt werden und erzeugt die größte Bremskraft, indem die Bremsanlage gewissermaßen „unter Druck" gesetzt wird; gleichzeitig verringert das dynamische System den Bremsaufwand, der für die Bremsklötze an jedem Wagen des Zuges erforderlich ist. In anderen technischen Einzelheiten ähneln die Lokomotiven jenen, die Henschel nach Thailand geliefert hat (vgl. Nr. 88).

92 **Société Nationale des Chemins de fer Français** (S.N.C.F.):
Maschine der früheren Paris–Lyon–Méditerranée, eine umgebaute „Pacific" (2'C1') der Klasse K

Wie schon in früheren Bänden dieser Reihe beschrieben, war die Chemin de fer Paris–Lyon–Méditerranée ein eifriger Anwender von Lokomotiven der „Pacific"-Bauart. Gegen Ende der dreißiger Jahre wurden viele dieser Maschinen völlig modernisiert; sie erhielten verbesserte Überhitzer, ein doppeltes Blasrohr sowie eine verbesserte Dampfausstoßeinrichtung für die Zylinder. Anders als die zeitgenössischen „Pacific"-Maschinen der Chemin de fer du Nord hatten nicht alle von der Paris–Lyon–Méditerranée die unabhängigen Ventilsteuerungen für die Hochdruck- und die Niederdruckzylinder. Die umgebauten Maschinen der Klasse K dagegen, von denen eine abgebildet ist, gehörten zu den erfolgreichsten Änderungen, die vorgenommen wurden. Sie hatten alle die schon erwähnten Modifikationen sowie die unabhängigen Ventilsteuerungen. In der Hand eines gut geübten Lokomotivführers konnten diese eine hervorragende Funktion gewährleisten. Als die Elektrifizierung auf die Strecken der Paris–Lyon–Méditerranée ausgedehnt wurde, kam eine Anzahl der „Pacific"-Maschinen zur Nordbahn, wo sie die englischen Fährzüge zwischen Paris und Calais führten. Vor dieser Überstellung überwand eine der Maschinen der K-Klasse nördlich von Dijon mit einem sehr schweren Zug von 650 t den in einem Verhältnis von 1:125 ansteigenden, 26,5 km langen Abschnitt bis Blaisy Bas in nur 26¾ Minuten. Dann schaffte sie die 133 Kilometer bis nach Laroche innerhalb von 73 Minuten.

93 **Ferrovie dello Stato** (F.S.) (Italien):
1'D-Lokomotive der Italienischen Staatsbahn mit Crosti-Kessel

Diese ungewöhnliche Lokomotive ohne den herkömmlichen Schornstein war das Ergebnis einer Reihe von wissenschaftlichen Experimenten, die schon 1937 begannen und zum Ziele hatten, einen wirtschaftlichen Betrieb von Dampflokomotiven zu erreichen. Die Entwicklung, die das Bild zeigt, stammt aus dem Jahr 1954. Sie geht auf Arbeiten zurück, die der italienische Ingenieur Piero Crosti in den ersten Jahren des Krieges unternommen hatte. Er verwendete einen Hilfskessel oder Vorerhitzer auf jeder Seite des Hauptkessels. Bei dieser ungewöhnlichen Anordnung muß der Schornstein in der Nähe des hinteren Kesselendes angebracht sein anstatt am gewohnten Platz.
Insgesamt wurden 83 Lokomotiven der Baureihe 743 mit der Achsfolge 1'D in dieser Weise umgebaut. Sie erreichten eine Ersparnis an Brennstoff um mehr als zehn Prozent im Vergleich zu den Originalmaschinen derselben Baureihe. Ihre grundlegen-

den Maße waren Zylinder von 540 mm Durchmesser und 698 mm Kolbenhub, Treibräder von 1372 mm Größe, ein Kesseldruck von 11,9 kp/cm² (117,0 N/cm²) und ein Dienstgewicht ohne Tender von 71,8 t. Es wurde berichtet, daß die derart umgebauten Lokomotiven nicht nur wirtschaftlicher arbeiteten, sondern auch eine bessere Dampf-Erzeugung aufwiesen. Allerdings war die Konstruktion des Kessels mit seinen Vorerhitzern teurer als ein konventioneller Kessel. Da das Ende des Dampfzeitalters herankam, war nicht mehr genügend Zeit, festzustellen, ob die zusätzlichen Kosten am Ende durch die Einsparung an Brennstoff gerechtfertigt wurden.

94 **Deutsche Bundesbahn** (DB): Einheits-Tenderlokomotive mit der Achsfolge 1'D2', eingeführt nach dem Kriege

In der Reihe neuer Standardmodelle von Dampflokomotiven, die die Deutsche Bundesbahn eingeführt hat und von denen die 1'C1'-Maschine ein weiteres Beispiel ist (s. Nr. 62), eignet sich die 1'D2'-Tenderlokomotive ideal für den Kurzstreckenverkehr in den dichten Industriegebieten an Ruhr und Niederrhein. Beim Beschreiben dieser hübschen und starken Lokomotive mit ihrem für die Bundesbahn charakteristischen, rot gestrichenen Triebwerk ist jedoch der deutsche Sprachgebrauch zu berücksichtigen, der verwirren kann, wenn man ihn nicht kennt. Was nach britischem und amerikanischem Brauch eine „tank engine" genannt wird, nennen die Deutschen eine „Tenderlok" und deuten folgerichtig damit an, daß Lokomotive und Tender eine vollständig integrierte Einheit bilden. Diese neuen deutschen 1'D2'-Tenderlokomotiven sind wie die 1'C1'-Maschinen mit Schlepptender sehr hoch; sie überragen die modernsten Reisezugwagen. Ihre Zylinder haben einen Durchmesser von 569 mm und einen Kolbenhub von 660 mm; die Kuppelräder sind 1372 mm im Durchmesser, der Kesseldruck erreicht 13,9 kp/cm² (137,3 N/cm²), und die Zugkraft beträgt 16980 kp (rund 17 t). Das Dienstgewicht dieser Lokomotive ist 114 t.

95 **Red Nacional de Ferrocarriles** (RENFE) (Spanien): Schnellzuglokomotive mit der Achsfolge 2'D2'

Nach dem Zweiten Weltkrieg waren in Europa eine Zeitlang sehr große neue Reisezuglokomotiven recht beliebt. In den dreißiger Jahren kamen Lokomotiven mit der Achsfolge 2'D2' in den USA und Kanada für schwerste Reisezüge und schnelle Güterzüge in allgemeinen Gebrauch, und zwar auf Strecken, wo starke Steigungen bei einer ansonsten schnell verlaufenden Fahrt zu bezwingen waren. Diese Fahrten, wie jene des „Chief" auf der Santa Fe und der Intercity-Expreßzüge der Canadian National zwischen Montreal und Toronto, waren *wirklich* schnell; sie erreichten Dauergeschwindigkeiten von mehr als 130 km/h.
In Europa, außer im Falle der riesigen Maschine der Baureihe 242.A von Chapelon (s. Nr. 54), waren sol-

che hohen Geschwindigkeiten nicht üblich. Die großen Lokomotiven mit der Achsfolge 2'D2' waren vornehmlich als „Bergsteiger" gedacht. Diese Maschinen der RENFE sind großartig anzusehen, und sie unterscheiden sich von den anderen Baureihen der Spanischen Staatsbahn als die einzigen, die einen grünen Anstrich haben. Die Zylindergröße ist 641 mm im Durchmesser und 711 mm im Kolbenhub, die Treibräder haben einen Durchmesser von 1898 mm; der Kesseldruck beträgt 15,9 kp/cm² (157,0 N/cm²) und die Zugkraft 21270 kp (21,3 t). Die Lokomotiven haben ein Zwillingsblasrohr, doppelten Schornstein und werden mit Öl befeuert. Das Dienstgewicht beläuft sich auf 143 t, das Tendergewicht auf 68 t.

96 **Indian Government Railways:**
Schwere Güterzuglokomotive der Einheitsklasse WG, Achsfolge 1'D1'

Seit dem Kriege nahm man in Indien eine weitgehende Standardisierung der Dampflokomotiven vor. Dabei wurde die Klasse WG, eingeführt im Jahre 1950 und zuerst von der North British Locomotive Company gebaut, zur Einheitsausführung für schweren Güterverkehr; die Maschine fährt auf der breiten Spurweite von 1676 mm. Der Entwurf ging in einem weiten Umfang auf den der früheren 1'D1'-Maschinen zurück, enthielt aber zahlreiche Verbesserungen. Anstatt Platten werden Barrenrahmen verwendet; außerdem haben die Lokomotiven größere Feuerbüchsen mit der Möglichkeit, bei Bedarf mechanische Kohlebeschicker nachzurüsten. Dazu nahm man die Gelegenheit wahr, viele Teile mit denen der neuen „Pacifics" der Baureihe WP (s. Nr. 98) austauschbar zu machen. Die 1'D1'-Maschinen, die in der Lage sind, auf gerader Strecke Züge bis 1800 t zu führen oder Steigungen von 1:150 mit 1300 t zu überwinden, haben zwei Zylinder von 556 mm Durchmesser und 711 mm Kolbenhub, Treibräder von 1562 mm Durchmesser, einen Kesseldruck von 14,7 kp/cm² (144,9 N/cm²) und eine Zugkraft von 17650 kp (17,6 t).

Die ersten 100 Lokomotiven dieser Klasse wurden in Großbritannien gebaut, aber seither entstanden viele bei den Chittaranjan-Werken in Indien. Wenn auch die Fertigungskapazität dieser ausgezeichneten neuen Fabrik groß ist, reichte sie doch nicht aus, den Bedarf an neuen Lokomotiven der Standardbaureihe zu decken. So wurden zusätzliche Maschinen dieser äußerst erfolgreichen Serie in Österreich, Belgien, Deutschland, Italien und Japan gebaut; außerdem gingen weitere Aufträge an die North British Locomotive Company und in die USA. Die Baureihe zählt nun mehr als 2000 Lokomotiven, die größte Menge, die je bei einer Eisenbahn im ehemaligen britischen Commonwealth vorhanden war.

97 **Indian Government Railways:**
Standardlokomotive der „Pacific"-Bauart (2'C1'), Baureihe YP, Spurweite 1000 mm

Indien hat wichtige und lange Eisenbahnstrecken mit der Spurweite 1000 mm. Hier wurde in der Zeit nach dem Kriege der Beschaffung von neuen Zugfahrzeugen das gleiche Augenmerk gewidmet wie bei den Linien der breiten Spurweite. 1952 lieferte die North British Locomotive Company die erste „Pacific"-Maschine eines großen Auftrags für die Spurweite von 1000 mm aus. Der Entwurf wurde im Betriebsbüro des Eisenbahnministeriums bei den Chittaranjan-Werken ausgearbeitet, und Aufträge über große Stückzahlen dieser Baureihe gingen gleichzeitig nach Großbritannien und Deutschland. Viele weitere Lokomotiven sind seither in der Fabrik von Chittaranjan selbst gebaut worden. Diese ansehnlichen und kompakten kleinen Maschinen, deren Dienstgewicht nicht mehr als 58 t beträgt, haben Zylinder von 387 mm Durchmesser und 610 mm Kolbenhub; die Treibräder haben 1372 mm Durchmesser, und der Kesseldruck erreicht 14,7 kp/cm^2 (144,9 N/cm^2). Dies ermöglicht eine Zugkraft von 8370 kp (rund 8,4 t).

In Übereinstimmung mit den indischen Gepflogenheiten nach dem Kriege werden für die Lokomotiven Barrenrahmen verwendet und, damit das Gewicht bei einem Minimalwert bleibt, die Laufstege und Führerstände aus Aluminiumteilen gefertigt. Das Bild zeigt eine der lebhaft aufgemachten Maschinen, die auf der „Southern Railway" der Indischen Staatsbahnen eingesetzt sind.

98 **Indian Government Railways:** Einheits-Schnellzuglokomotive der Baureihe WP, Achsfolge 2'C1'

Die Erfahrungen der Inder mit den 2'C1'-Lokomotiven sind in den Jahren vor dem Krieg nicht die besten gewesen, und als man in Betracht zog, neue Konstruktionen zu bauen, wurden viele Überlegungen angestellt, so daß ein hervorragendes Produkt zustande kam. Einen Versuchsauftrag über 16 Lokomotiven erhielten 1947 die Baldwin Locomotive Works in den USA, und diese – strikt nach den indischen Spezifikationen gebaut – erwiesen sich bald in jeder Hinsicht als ausgezeichnet. Danach erging unter dem Hilfsprogramm des Colombo-Plans ein Auftrag über weitere 120 Stück an die Canadian Locomotive Company in Kingston, Ontario, und zusätzliche Maschinen kamen aus Österreich und Polen. Mit vielen weiteren Zugängen umfaßt diese Baureihe jetzt mehr als 500 Einheiten.

Sie haben Zylinder von 514 mm Durchmesser und 711 mm Kolbenhub, Treibräder von 1702 mm Durchmesser, einen Kesseldruck von 14,7 kp/cm^2 (144,9 N/cm^2) und eine Zugkraft von 13890 kp (rund 13,9 t). Gemäß der indischen Praxis erhielten die Kolbenventile einen sehr großen Durchmesser, was eine leichte Funktion begünstigt. Außerdem wurden wie bei der Baureihe YP zahlreiche Vorkehrungen getroffen, das Gewicht der Maschinen herunterzudrücken. Kessel und Feuerbüchse erhielten sehr große Ausmaße, um das Verbrennen von minderwertiger, nichtverkokender Kohle zu erleichtern. Das Ergebnis war eine Lokomotive, die 103,5 t wiegt und eine maximale Achslast von 18,9 t hat. Diese guten Maschinen werden voraussichtlich noch viele Jahre lang im Einsatz sein.

99 **Indian Government Railways:** Elektrische Lokomotive für Hauptstrecken; Leistung 3600 PS (2685 kW)

Zur gleichen Zeit, als die Standardisierung und Großproduktion neuer Dampflokomotiven für die Eisenbahnen von Indien im Gange war, wurden Maßnahmen ergriffen, auf den schon elektrifizierten Strecken den Betrieb zu verbessern. Die Hauptlinien der früheren Great Indian Peninsula Railway von Bombay nach Puna und von Bombay nach Igatpuri enthalten beide die bekannt schwierigen Streckenabschnitte über das Gebirge der West-Ghats mit langen Steigungen im Verhältnis 1:40 sowie starken Kurven. In früheren Bänden dieser Buchreihe sind die speziellen Tender-Dampflokomotiven, die als Schiebehilfe auf jenen Steigungen dienen, abgebildet.
Die Elektrifizierung der Strecken mit 1400 V Gleichstrom auf Oberleitungen in der Zeit zwischen den beiden Weltkriegen erleichterte den Betrieb sehr. Die schönen neuen Lokomotiven, von denen eine gezeigt ist, wurden von der English Electric Company in Zusammenarbeit mit der Vulcan Foundry gebaut; sie ermöglichen es, stark erhöhte Zuglasten zu führen, und haben eine maximale Anfahrzugkraft von 31300 kp (31,3 t). Ihre Kurzleistung beträgt 21800 kp (21,8 t) bei einer Geschwindigkeit von 45 km/h und ihre Dauerleistung 17700 kp (17,7 t) bei etwa 50 km/h. Die Lokomotiven sind jedoch nicht allein an Steigungen sehr stark; sie sind im wesentlichen Schnellzuglokomotiven, haben eine maximale Reisegeschwindigkeit von 120 km/h und werden auch für den schnellen Güterverkehr eingesetzt.

100 **Union Pacific Railroad** (USA): Dieselelektrische Lokomotive der Baureihe GP.20, Leistung 2000 PS (1470 kW)

„Union Pacific“ ist ein großer Name in der Eisenbahngeschichte der Welt. In früheren Bänden dieser Buchreihe wurden viele Entwicklungen dieser Eisenbahngesellschaft im Bild gezeigt und beschrieben, angefangen bei der berühmten historischen Zeremonie, als bei Promontory im Staate Utah 1869 der „Goldene Gleisnagel“ eingeschlagen wurde und damit die erste transkontinentale Eisenbahnlinie durch Nordamerika fertiggestellt war. Im Dieselzeitalter hat die Union Pacific Railroad Lokomotiven jeder Zugkraft eingesetzt. Der hier abgebildete Typ ist das robuste, wohlbewährte Arbeitspferd von Nordamerika, die „GP. 20“ der General Motors Corporation mit nicht mehr als 2000 PS (1470 kW). Seither hat die Union Pacific Lokomotiven in Dienst gestellt, die eine Leistung von 5000 PS (3675 kW) und, noch später, von 6600 PS (4850 kW) auf die Schienen brachten, wie mit der gewaltigen „Centennial“-Maschine, eingeführt 1969, als die Gesellschaft die 100-Jahr-Feier ihres Bestehens beging. Natürlich war die Lokomotive der Baureihe GP.20 dafür ausgelegt, auch im Mehrfachgespann zu arbeiten, und wenn für eine spezielle Aufgabe 6000 PS erforderlich waren, kuppelte man eben drei von ihnen zusammen. Die „Centennial“, die stärkste einzelne Diesellokomotive der Welt, gehört in eine spätere Zeit, die von diesem Buch nicht mehr berührt wird. Aber was die größte je gebaute Lokomotive betrifft, mag der Leser zum Bild 9 in diesem Buch zurückblättern – es ist die Dampflokomotive „Big Boy“ mit der Achsfolge 2'D-D2', ebenfalls von der Union Pacific.

101 **Brasilianische Zentralbahn:**
In den USA gebaute dieselelektrische Lokomotive der Serie SD.18

Auf den ersten Blick erscheint diese brasilianische Lokomotive der „GP. 20“ von der Union Pacific Railroad sehr ähnlich (s. Bild 100). Sie ist in der Tat nichts anderes als eine leichte Variante jenes Standardmodells von General Motors, das gewöhnlich die „zweite Generation“ der Dieselmaschinen genannt wird. Die „erste Generation“ in den USA ist sehr gut durch die Lokomotive der „Frisco Lines“ vertreten (Bild 11), mit ihrem ganz vorn placierten Führerstand und dem bis zur größten Breite der Ladenorm ausgedehnten Kastenaufbau. Aber während General Motors noch den Standard-Dieselmotor vom Typ 567 verwendeten, bauten sie mit ihrem Modell der „zweiten Generation“ eine Lokomotive, die, wenn auch nicht so gefällig gestaltet, ein viel besseres Fahrzeug ist. Nur der Führerstand ist auf die volle Breite des Rahmens hinausgebaut. Die maschinellen Einrichtungen sind in sich abgeschlossen, aber von den offenen Laufstegen ist der Zugang möglich, so daß sich die Wartungsarbeiten sehr stark vereinfachen. Dieses Merkmal haben die „GP.20“ der Union Pacific und die brasilianische „SD.18“ gemeinsam. Die letztere ist eine Standardausführung, außer daß ihre Antriebsdrehgestelle auf die Gleise der Zentralbahn zugeschnitten sind, die eine Spurweite von 1014 mm haben. Die Lokomotive leistet 1800 PS (1320 kW), und sie kann je nach der erforderlichen Zugkraft als Zweier-, Dreier- oder sogar Vierergespann mit anderen Lokomotiven zusammengekuppelt werden.

102 **Illinois Central Railroad** (USA):
Dieselelektrische Mehrzweck-Lokomotive der Serie GP.40; Leistung 3000 PS (2200 kW)

Die Illinois Central Railroad war eine der ersten Eisenbahnen Amerikas, die Diesellokomotiven auch für andere als Rangierzwecke einsetzte. 1936 brachte sie einen stromlinienförmigen Gelenktriebzug in Leichtbauweise heraus, der Dieselantrieb hatte. Im Jahre 1939 kaufte sie die ersten dieselelektrischen Lokomotiven des damaligen Standardtyps, mit dem Führerstand ganz vorn, von der General Motors Corporation ein, und bis 1954 waren die Reisezüge der Gesellschaft vollständig „verdieselt“. In der Zwischenzeit jedoch hatten General Motors ihr neues Einheits-Arbeitspferd fertiggestellt, von dem Varianten in den Bildern 100 und 101 gezeigt sind. Die Mehrzweck-Lokomotiven von der Baureihe GP (GP = general purpose), allgemein als „geeps“ bekannt, erwiesen sich sowohl bei der

Illinois Central als auch anderswo als ein großer Erfolg, so daß die ersten Einkäufe von Maschinen der Baureihe GP.7 mit 1500 PS (1100 kW) im Jahre 1950 im Bereich Chicago für den Frachtverkehr zwischen den verschiedenen Endbahnhöfen sowie den Rangierdienst eingesetzt wurden. Um das Jahr 1963 hatte die Illinois Central 643 Diesellokomotiven in Betrieb; davon waren 42 Stück Reisezuglokomotiven mit vorgezogenem Führerstand, 414 Stück Mehrzweck-Lokomotiven („geeps") und der Rest Rangierlokomotiven. Dann, um noch auf den schwersten Frachtdienst zu kommen, wurden in den sechziger Jahren die sehr starken Maschinen der Baureihe GP.40 gekauft, und zwar wieder bei General Motors. Diese großen Lokomotiven haben eine Motorleistung von 3000 PS (2200 kW). Mit der aus nahezu vierzigjähriger Erfahrung des Herstellers „mitgelieferten" Zuverlässigkeit leisteten sie bald ganze Arbeit auf der Strecke.

103 **Atchison, Topeka and Santa Fe Railroad** (USA):
Dieselelektrische Lokomotive der American Locomotive Company (ALCO); Serie PA.1, Baujahr 1946

Während der ganzen Geschichte der amerikanischen Eisenbahnen im 20. Jahrhundert stand die „Santa Fe" mit an erster Stelle in der Entwicklung von Lokomotiven, und sie hatte stets einen außerordentlich hohen Standard in der Verkehrsleistung. Während des Zweiten Weltkriegs beschränkten Regierungserlasse die Produktion von Lokomotiven für den Einsatz auf Hauptstrecken ausschließlich auf die General Motors Corporation, und zwar aus Gründen der Rationalisierung der Produktionsmittel. Aber sehr bald nach Kriegsende brachte die American Locomotive Company (ALCO) in Zusammenarbeit mit der General Electric Company die Reisezug-Diesellokomotive der Baureihe PA.1 heraus. Ihre Gestaltung unterscheidet sich von jenen der Maschinen von General Motors, die in den USA bereits vertraut war; aber die ALCO baute in diesen windschnittigen Kastenaufbau nur einen einzelnen Dieselmotor ein, im Unterschied zu den zwei 567er-Motoren in den Lokomotiven von General Motors. Die Maschine der ALCO wurde als das „Modell 244" bekannt; sie hat 16 Zylinder und erreicht eine Leistung von 2000 PS (1470 kW).

Die ALCO stellt sowohl Einheiten mit Führerstand als auch Hilfseinheiten her, sogenannte „Booster", die keinen Führerstand haben und sich zu Mehrfachgespannen zusammenkuppeln lassen. So ist bei den sehr langen Frachtzügen, die sich über die schweren Steigungen auf der Linie durch die südlichen Gebirgsketten des Mittelwestens in Richtung Los Angeles arbeiten, die vierfach gekuppelte Lokomotive aus Steuereinheit–Booster–Booster–Steuereinheit kein ungewöhnlicher Anblick – 8000 PS Maschinenleistung unter der Kontrolle nur einer einzigen Bedienungsmannschaft.

104 **Victorian Railways** (Australien):
Schnellzuglokomotive der Serie R, Achsfolge 2'C2'

In dem Normalisierungsprogramm, das die Victorian Railways nach dem Zweiten Weltkrieg eingeleitet hatten, bekannt als die „Operation Phoenix", wurden diese großen neuen Lokomotiven der Baureihe R für schweren Schnellzugdienst ausgelegt. Sie waren massiv gebaut und dafür bestimmt, schwere Arbeit zu leisten und weite Strecken ohne Wartung zurückzulegen. Die Maschinen hatten 127 mm dicke Barrenrahmen, eine großzügige Anwendung von Bauteilen aus Gußstahl und einen Kessel mit mechanischem Kohlebeschicker, konstruiert für harte Dauerleistungen in der Dampf-Erzeugung. Alle Achsen wurden mit selbstabgleichenden Rollenlagern ausgerüstet, und besondere Aufmerksamkeit galt den einzelnen Aggregaten des Dampfkreislaufs, um sicherzugehen, daß ein ungehindertes Strömen des Dampfs gewährleistet war.

Die Zylinder hatten einen Durchmesser von 546 mm und einen Kolbenhub von 711 mm, die Kolbenventile einen Durchmesser von 279 mm – sehr groß für solche Zylinder. Die Treibräder waren 1828 mm groß, und mit einem Kesseldruck von 14,7 kp/cm² (144,9 N/cm²) erreichten die Lokomotiven eine Zugkraft von rund 14900 kp (14,9 t). Dank ihren scharlachrot gestrichenen Windleitblechen und Blenden an den Laufstegen vermittelten sie sicherlich einen Anflug von Ausdruckskraft und Vornehmheit neben ihrer massigen Erscheinung.

Siebzig dieser Lokomotiven wurden in Schottland von der North British Locomotive Company gebaut. Obgleich ursprünglich für die 1600-mm-Spurweite der Victorian Railways vorgesehen, waren sie so ausgelegt, daß sie auf die Regelspurweite von 1435 mm umgestellt werden konnten, wenn sie in das Schienennetz der New South Wales Government Railways überwechseln mußten. Als dieses Überwechseln auf den Spurweiten jedoch im praktischen Betrieb eingeführt werden sollte, war bei den wichtigen Schnellzügen der Dampf von der Dieseltraktion bereits verdrängt worden.

105 **South Australian Railways:**
Die umgebaute 2'C1'-Lokomotive „Duke of Edinburgh"

In den dreißiger Jahren entstand nach den Entwürfen von F.J. Shea in den Islington-Werken der South Australian Railways eine bemerkenswerte Baureihe von leichten „Pacific"-Maschinen. Sie waren für den Reisezugverkehr auf Streckenabschnitten gedacht, die die schweren 2'D2'-Lokomotiven der zwischenstaatlichen Expreßzüge nicht aufnehmen konnten. Diese umgebauten 2'C1'-Maschinen hatten zwei Zylinder von 470 mm Durchmesser und 711 mm Kolbenhub, Treibräder von 1676 mm Durchmesser, einen Kesseldruck von 14,1 kp/cm² (138,0 N/cm² und eine Zugkraft von 11350 kp (11,3 t).

Die zehn Lokomotiven dieser Baureihe verrichteten gute Arbeit, aber mit dem Beginn der Umstellung auf Dieselbetrieb waren ihre Tage gezählt; im September 1969 sollte die Maschine Nr. 621, die zweite der Baureihe, ausgemustert werden.

Aber Dean Harvey, der Reiseleiter der südaustralischen Sektion von der Australian Railway Historical Society, organisierte die Beschaffung von genügend Geldmitteln, mit denen die Maschine Nr. 621 vollständig überholt werden sollte. Harvey bekam das Geld zusammen, und die South Australian Railways führten die Arbeiten in ihrem Werk in Islington aus. Das Ergebnis war, daß weiterhin Vergnügungsfahrten in Südaustralien mit dieser Dampflokomotive unternommen werden können. Der Schlußpunkt unter dieses recht unternehmungslustige Vorhaben wurde gesetzt, als die renovierte Lokomotive im April 1971 auf den Namen „Duke of Edinburgh" getauft wurde – mit der freundlichen Einwilligung Seiner Königlichen Hoheit.

106 **Tasmanian Government Railways** (Australien):
2'C1'-Lokomotive der Baureihe M, Baujahr 1951, Spurweite 1067 mm

In Tasmanien sind die Bahnlinien durch starke Steigungen und eine beständig kurvenreiche Streckenführung behindert. Sie waren mit einem Minimum an Geldmitteln gebaut worden, als das Land in den ersten Tagen seiner Besiedlung erschlossen wurde. Die maximale zulässige Achslast beträgt nur 10,7 t. Jedoch benötigte man eine starke Lokomotive, um zwischen den Städten Hobart und Launceston einen verbesserten Reisezugdienst zu betreiben. Die „Pacifics" der Baureihe M wurden von der Robert Stephenson & Hawthorns Ltd. in Darlington gebaut und enthalten zahlreiche hervorragende Konstruktionsmerkmale. Wo immer möglich, sind zur Verringerung des Gewichts geschweißte Bauteile verwendet; dazu kommen die Innenwand aus Stahl für die Verbrennungskammer der Feuerbüchse, ein trichterförmiger Aschkasten und die teilweise Fertigung des Wassertanks des Tenders. Die Lokomotive ist dafür ausgelegt, Kurven von nur 100 m Radius ohne jegliche Anpassung der Spurweite zu befahren; durch persönliche Beobachtung auf der Plattform des Führerstandes konnte ich mich davon überzeugen, daß sie diese starken Kurven sowohl ruhig als auch ausgeglichen bewältigt.
Die zwei Zylinder haben einen Durchmesser von 406 mm und einen Kolbenhub von 610 mm; die Treibräder sind 1397 mm groß, und der Kesseldruck erreicht 12,6 kp/cm² (124,2 N/cm²). Das Dienstgewicht der Maschine beträgt 55,2 t und das des Tenders 42,0 t; ihre Zugkraft ist 7000 kp (7,0 t). – Eine der Lokomotiven wurde voll einsatzfähig im Betrieb behalten und macht häufig Sonderfahrten. In ihrem kirschroten Anstrich und dem makellos gepflegten Zustand ist sie ein beliebtes Objekt der Eisenbahnphotographen in Tasmanien.

107 **New Zealand Government Railways:**
Personenzug- und Mehrzweck-Lokomotive der Baureihe JA, Achsfolge 2'D1'

Im vorhergehenden Band dieser Reihe, *Die Blütezeit der Dampfeisenbahn 1920–1940*, ist die stromlinienverkleidete Lokomotive der Baureihe J mit der Achsfolge 2'D1', Baujahr 1939, abgebildet und beschrieben. Die Lokomotiven dieser

Baureihe erwiesen sich als ein sehr wertvoller Neuzugang zum Maschinenpark der Neuseeländischen Staatsbahnen, so wertvoll, daß nach dem Krieg eine abgewandelte Version, die Baureihe JA, eingeführt wurde. Diese gehörte zwei unterschiedlichen Fertigungsserien an. Fünfunddreißig wurden im Werk von Hillside speziell für den Einsatz auf der Südinsel gebaut, und hier bildeten sie die Hauptstütze des Verkehrs, bis die Zeit der Dieseltraktion anbrach. Sie waren ausgelegt, 400 t schwere Personen- und 1000 t schwere Güterzüge zu führen. Gebaut wurden sie zwischen 1946 und 1956. – Zu derselben Zeit erteilten die Staatsbahnen einen Auftrag über sechzehn Lokomotiven, dieses Mal ölbefeuert, an die North British Locomotive Company; sie gingen 1952 auf der Nordinsel von Neuseeland in Betrieb, und zwar hauptsächlich im Bezirk von Auckland.
Beide Fertigungsserien hatten Zylinder von 457 mm Durchmesser und 660 mm Kolbenhub, Treibräder von 1372 mm Durchmesser und einen Kesseldruck von 14,1 kp/cm^2 (138,0 N/cm^2). Trotz ihrer kleinen Treibräder und der Spurweite von 1066 mm erreichten sie sehr gute Geschwindigkeiten, gelegentlich von mehr als 110 km/h.

108 **Deutsche Bundesbahn** (DB): Dieselhydraulische Lokomotive V200, gebaut von der Krauss-Maffei AG

In den Abschnitten Nr. 66, 88 und 91 fand bereits der Vorzug Erwähnung, den die Deutschen dem dieselhydraulischen Antriebssystem für Lokomotiven gegeben haben, und der Erfolg, den die Industrie mit dem Export von Lokomotiven dieser Bauart erzielte. Es ist deshalb interessant, das einheimische Produkt näher zu betrachten.
„Krauss-Maffei" ist einer der bekanntesten Namen in der Welt auf dem Gebiet des Lokomotivbaues, und frühere Bücher dieser Reihe haben bereits einige der gefeierten Dampflokomotiven der Vergangenheit im Bilde gezeigt und beschrieben, ebenso ihren Einfluß außerhalb Deutschlands. Die eindrucksvoll gestaltete Diesellokomotive, die nunmehr dargestellt wird, gehört einer Baureihe an, die von der Deutschen Bundesbahn für den Einsatz auf nichtelektrifizierten Strecken vorgesehen wurde. Ihre Konstruktion geht auf einen Entwurf aus dem Jahre 1952 zurück. Es war die Überlegenheit des Prinzips der Kraftübertragung, die die Westregion der British Railways dazu bestimmte, die dieselhydraulische Lokomotive einzuführen; äußerlich läßt sich auch eine gewisse „Familienähnlichkeit" zwischen der „V200" und den „Warships" der Westregion erkennen.
Die „V200" hat eine Motorenleistung von 2000/2300 PS (1470/1690 kW), ein Dienstgewicht von 82 t und eine maximale Reisegeschwindigkeit von 140 km/h; als eine Mehrzweck-Lokomotive eignet sie sich sowohl für Fernschnellzüge als auch für den mittleren bis schweren Reise- und Güterzugdienst. Sie ist mit zwei Zwölfzylinder-Viertakt-Dieselmotoren ausgerüstet. Einige Lokomotiven haben das Voith-System und andere das Mekydro-System der hydraulischen Kennungswandlung.

109 Société Nationale des Chemins de fer Français (S.N.C.F.): Dieselelektrische Lokomotive der Baureihe 68000

Man kann nicht darüber klagen, daß es bei den elektrischen und den Diesellokomotiven von heute irgendeine Monotonie in der Formgebung oder im Anstrich gäbe. Dazu braucht man nur die deutsche „V200“ sowie die finnische und dänische Maschine (Bilder 110 und 111) mit der französischen Lokomotive der Baureihe 68000 zu vergleichen, um anzuerkennen, wie mannigfaltig die Eisenbahnszenerie in Europa geworden ist – ähnlich der Entwicklung beim Anbruch des Dieselzeitalters in den USA.
Diese französischen Lokomotiven nehmen die Stelle von Dampflokomotiven auf Strecken ein, die noch nicht elektrifiziert sind. Sie wurden zuerst 1963 eingeführt, und innerhalb von fünf Jahren waren mehr als 100 davon in Betrieb. In der Zugkraft entsprechen sie annähernd dem britischen Typ 4 oder der Baureihe 47 (s. Nr. 152); ihre Motorleistung liegt bei rund 2750 PS (2020 kW). Das Dienstgewicht beträgt 106 t und die maximale Reisegeschwindigkeit 130 km/h. Die Maschinen sind auch für Mehrfachgespanne ausgelegt, ebenso im Verein mit den etwas schwächeren Lokomotiven der Baureihe 67000. Diese haben ein Eigengewicht von 80,5 t, eine Motorleistung von 2000 PS (1470 kW) und einen ähnlichen äußeren Aufbau. Die Maschinen beider Baureihen sind im wesentlichen Schnellzuglokomotiven; darüber hinaus wird die „67000“ auch für schnelle Güterzüge eingesetzt. Bis zum Bau der noch größeren Lokomotive der Baureihe 72000, die dem Zeitraum nach 1965 angehört und nicht in diesem Buch behandelt wird, repräsentierten die beiden Baureihen 67000 und 68000 die Standard-Dieseltriebfahrzeuge der S.N.C.F. für Hauptstrecken.

110 Valtion Rautatiet (VR): Dieselelektrische Lokomotive mit einer Leistung von 1900 PS (1395 kW), eingesetzt auf Hauptstrecken

Die Finnischen Staatsbahnen haben ein Streckennetz von etwa 4800 km, annähernd gleich einem der größten britischen Netze aus der Zeit vor der Verstaatlichung. Bis 1950 war in Finnland praktisch die ganze Traktion dampfbetrieben, der größte Teil davon aus finnischer Fabrikation; aber von dieser Zeit an schritt die Umstellung auf Dieseltraktion stetig voran, ebenfalls alles aus einheimischer Fertigung. Einige Lokomotiven zeigen den örtlichen nationalen Aufbau, andere sind in Lizenz hergestellte Produkte ausländischer Konstruktion.
Die abgebildete Lokomotive stellt ein Beispiel für die Gestaltung eines Dieseltriebfahrzeugs für den Schnellzugverkehr auf Hauptstrekken dar. Sie ist für eine Höchstgeschwindigkeit von 120 km/h ausgelegt und gehört einer ab 1959 in Finnland gebauten Serie an. Ihr Gesamtgewicht beträgt 125 t auf zwei dreiachsigen Drehgestellen. Seit der Einführung dieser Baureihe wurde eine bemerkenswerte leichtere Version von erhöhter Leistung in Dienst gestellt. Obwohl diese nicht mehr als

100 t wiegt, hat sie eine Nennleistung von 2800 PS (2060 kW) und erreicht eine Höchstgeschwindigkeit von 140 km/h.

111 **Danske Statsbaner** (DSB) (Dänemark):
Dieselelektrische Lokomotive mit einer Leistung von 1750 PS (1285 kW), eingesetzt auf Hauptstrecken

Dänemark kann einen langen Katalog erfolgreicher Lokomotivbautechnik vorweisen. Die Firma S/A Frichs hat viele ausgezeichnete Dampfeinheiten hergestellt. Als die Dänischen Staatsbahnen mit der Umstellung auf Dieseltraktion begannen, nahm man die Gelegenheit wahr, die langen und weltweiten Erfahrungen von General Motors mit der berühmten „567" zu nutzen, die das Hauptstück der neuen Lokomotiven bilden sollte. Die schwedische Firma Nydqvist & Holm A.B. (NOHAB) hatte mit der General Motors Corporation ein Geschäftskonsortium gegründet, und das Ergebnis war die Baureihe NOHAB-GM von dieselelektrischen Lokomotiven. Für die an die Dänischen Staatsbahnen gelieferten Maschinen wurde im Rahmen eines Untervertrags die Fertigung der mechanischen Bauteile an die S/A Frichs übertragen. Dazu gehörten die Drehgestelle, die Unterrahmen und bestimmte andere Teile, so daß die Verbindung von Frichs mit dem Lokomotivbau weiter bestehenblieb. Die Lokomotiven haben die Achsfolge (A1A)'(A1A)'. Der von den Dieselmotoren angetriebene Generator liefert den Strom an vier Fahrmotoren, von denen je einer die erste und dritte Achse jedes Drehgestells antreibt. Die mittlere Achse der Drehgestelle dient nur als Stützachse. Die gute Gestaltung der Lokomotiven, zusammen mit den aufgemalten Flügeln und der Krone am Bug, verleiht den Schnellzügen einen echten Hauch von Vornehmheit.

112 **Canadian Pacific Railway:**
Dieselelektrische Lokomotive mit einer Leistung von 1500 PS (1100 kW)

Im Abschnitt Nr. 11 dieses Buches wurde die Schaffung der ersten Generation dieselelektrischer Lokomotiven in Nordamerika erwähnt. 1949 lieh die General Motors Corporation zwei Standardlokomotiven mit je drei 1500-PS-Einheiten aus, die eine an die Canadian Pacific Railway und die andere an die Canadian National Railways. Eine von ihnen erregte großes Aufsehen, als sie mitten im tiefsten Winter eine Fahrt nach Westen über die Canadian Pacific Railway unternahm. Innerhalb dreier Wochen stieg die Temperatur nie über null Grad an, und zeitweilig war es 50° unter dem Gefrierpunkt! Aber die Dieselmotoren arbeiteten kraftvoll weiter. Daraufhin kaufte die Canadian Pacific eine Anzahl dieser Lokomotiven, zuallererst für die sehr schwierigen Streckenabschnitte über die Rocky Mountains, wo die hohe Zugkraft der Dieselmotoren im niederen Geschwindigkeitsbereich die beträchtliche Überlegenheit der Diesellokomotiven über die größten existierenden Dampflokomotiven unter Beweis stellte. Allmählich breitete sich ihre Anwendung auf die gesamte transkontinentale Hauptlinie aus. Ganz sicher haben die Diesellokomotiven die Lebensdauerprüfung bestanden, und jene Lokomotiven der ersten Generation von General Motors, gebaut in dem neuerrichteten Werk der Canadian Pacific in London, Ontario, verrichten noch heute einen hervorragenden Dienst – mehr als 25 Jahre nach ihrer ersten Konstruktion. Heute haben sie den scharlachroten Anstrich mit weißen Streifen und tragen die Aufschrift „C.P. Rail" anstatt des bisherigen „Canadian Pacific". Sie arbeiten oft im Mehrfachgespann mit den Mehrzweck-Lokomotiven der zweiten Generation, den „hoodcab"-Maschinen, zusammen.

113 **Canadian Pacific Railway:**
Salonwagen mit Aussichtskuppel

1954 erhielt die Canadian Pacific Railway von der Budd Company, Philadelphia, eine Lieferung neuer Reisezugwagen mit rostfreier Stahlverkleidung für die Transkontinental-Expreßzüge. Sie sind von verschiedenem Typ: Luxuswagen, in denen die Reisenden die ganze Nacht sitzend verbringen können; ein Aussichtswagen mit Kuppel einschließlich Buffet, Unterhaltungsabteil mit Imbißmöglichkeit sowie Kaffeebar mit Ausblick – alles zugänglich auch für die nicht im Schlafwagen reisenden Gäste; dazu kommen Speisewagen und die vornehmen Schlafwagen, einige mit eigenen Schlafräumen und andere mit Abteilbetten. Aber der Salonwagen mit Aussichtskuppel, der gewöhnlich das Zugende bildet, ist in der Tat etwas Besonderes. Er hat einen Aufenthaltsraum mit Buffet, in dem man zum hinteren Ende des Wagens gehen kann, und das Aussichtsabteil mit der prächtigen Kuppel, die gerade um so viel höher als die normalen Reisezugwagen ist, daß man über den restlichen Zug hinwegsehen kann. Es ist ein fesselndes Erlebnis, im Kuppelabteil sitzend bei 110 bis 120 Stundenkilometern über die Prärien zu reisen und den langen Zug zu beobachten, wie er durch die ehrfurchtgebietenden Canyons in British Columbia dahinzieht. – Die Speise- und Schlafwagen sowie die Aussichtswagen am Zugende scheinen alle nach Parks und Schlössern benannt, z.B. *Château Radisson*, *Dufferin Manor*, *Banff Park*. In Tat und Wahrheit handelt es sich jedoch um Namen von bedeutenden Personen der kanadischen Geschichte, die auf diese Weise für den zahlenden Fahrgast „aufgewertet" wurden.

114 **Pacific Great Eastern Railway** (Kanada):
Dieselelektrische Lokomotive der Baureihe MLW, Leistung 3000 PS (2200 kW)

Die Entwicklung der Pacific Great Eastern Railway ist eines der Wunder im modernen kanadischen Eisenbahnwesen. Aus einer finanzschwachen dampfbetriebenen Eisenbahn in einer abgelegenen Gegend von British Columbia wurde sie zu einer wichtigen Frachttransportgesellschaft, die sich von Vancouver nach Norden bis nahe an die Provinzgrenze von Yukon erstreckte. Im Jahre 1949 war das Streckennetz der Pacific Great Eastern nicht länger als etwa 550 km, und heute beträgt es 2500 km; im Jahre 1972 änderte die Gesellschaft ihren Namen in „British Columbia Railway".

Die Hauptstrecke überwindet eine der längsten und steilsten Steigungen, die bei einer Eisenbahn irgendwo in der Welt zu finden sind. Sie verläuft von Lillooet aus nach Norden, hoch über der Schlucht des Frazer-Flusses, und führt dann bei einer mittleren Steigung im Verhältnis von 1:53 auf einer Länge von 38 km weiter! – Der Frachtverkehr ist schwer und wird nun ausschließlich von Diesellokomotiven wahrgenommen. Sie stammen alle aus den Montreal Locomotive Works und haben die Konstruktion, die ursprünglich von der American Locomotive Company (ALCO) konzipiert worden ist. Der Großteil von ihnen hat eine Leistung von 1600 und 1800 PS (1176 und 1320 kW). Nach 1965 kamen einige Lokomotiven mit 3000 PS (2200 kW) hinzu; eine solche Maschine ist im Bild gezeigt.

115 **Algoma Central Railway** (Kanada):
Dieselelektrische Lokomotive der Baureihe GP.7, Leistung 1500 PS (1100 kW)

Die Geschichte der Algoma Central Railway ist eines der großen, wenn auch vielleicht am wenigsten bekannten Eisenbahnabenteuer in der Welt. Wie eine Eisenbahn als ein wesentlicher Bestandteil des weitreichenden Industrie-Imperiums konzipiert wurde, das Francis H. Clergue im Jahre 1899 bei Sault Ste. Marie in Ontario aufgebaut hatte; wie sie in den finanziellen Zusammenbruch von 1903 verwickelt wurde; wie gegen alle Widerstände dann mit Hilfe der Provinzialregierung der Wiederaufbau fortgesetzt wurde, bis sie 1914 vollständig bankrott war – all dies sind nur die einleitenden Geschehnisse zur Hauptgeschichte. Bis dahin hatte die Algoma Central nur eine etwa 475 km lange Hauptlinie, die nicht weniger als drei transkontinentale Strecken kreuzte, und nicht mehr als 35 Dampflokomotiven, die auf jener Hauptlinie eingesetzt waren. Nahezu vierzig Jahre lang oblag die Leitung der Algoma Central einer Kommission der Pfandbriefinhaber; aber zu Anfang der fünfziger Jahre ereignete sich ein erstaunlicher Wandel: Unter dem sehr fähigen Management einer Privatgesellschaft wurde sie aus ihrer andauernden prekären Lage zu einem weithin bewunderten Wohlstand emporgehoben.

Die Umstellung auf Dieselbetrieb begann 1951 und war Ende 1952 abgeschlossen. In der Tat war die Algoma Central die erste kanadische Eisenbahngesellschaft, die auf die Dampftraktion vollständig verzichtet hat. Alle ihre neuen Diesellokomotiven waren Standardmodelle von General Motors; das Bild zeigt eine der ersten, aber noch leistungsschwächsten Maschinen.

116 **Japanische Staatsbahnen:**
Schnellzuglokomotive der Baureihe C51, Achsfolge 2'C1'

Während sich dieses Buch vornehmlich mit den Entwicklungen im Eisenbahnwesen seit 1940 befaßt, waren Informationen über frühere Zeitabschnitte, soweit sie Japan betreffen, nicht erhältlich, als die jeweiligen Bücher dieser Reihe geschrieben wurden. Deshalb sei die Gelegenheit wahrgenommen, in diesen Band bestimmte Lokomotiven aufzunehmen, die von 1940 an noch in regulärem Betrieb waren, aber schon früher eingeführt worden sind. Von diesen gibt es keine berühmtere Maschine als jene der Baureihe C51 mit der Achsfolge 2'C1', ein sehr ansehnlicher Entwurf, der hier in seiner ursprünglichen Form gezeigt ist. Später erhielt die Lokomotive Windleitbleche zu beiden Seiten der Rauchkammer und einen verlängerten Schornstein. Seiner guten Gestaltung wird man zweifellos Beachtung schenken, zumal er stark an die Tätigkeit von J.G. Robinson bei der englischen Great Central Railway erinnert. Zeitweise waren fast 300 Maschinen dieser Baureihe in Betrieb. Ihre hauptsächlichen Maße waren: Zylinder mit 533 mm Durchmesser und 660 mm Kolbenhub, ein Treibraddurchmesser von 1753 mm, ein Kesseldruck von 12,6 kp/cm^2 (124,2 N/cm^2) und eine Nenn-Zugkraft von 11530 kp (11,5 t). Ihre Höchstgeschwindigkeit – auf einer Spurweite von 1066 mm – betrug 95 km/h; gleichwohl wurde sie zeitweilig viel schneller gefahren.

117 Japanische Staatsbahnen:
Dreizylinder-Schnellzuglokomotive der Baureihe C53, Achsfolge 2'C1'

Als man 1928 stärkere Lokomotiven als jene der Baureihe C51 für notwendig erachtete, führte man den äußerst bemerkenswerten neuen Entwurf einer „Pacific“ ein. Obwohl das 20. Jahrhundert die Entwicklung einer vollständig einheimischen Lokomotivbauindustrie in Japan gesehen hatte – im Gegensatz zu den britischen und US-amerikanischen Importmaschinen in der Zeit vorher –, fuhr man fort, die Praxis in Übersee eingehend zu studieren. So führte der von Sir Nigel Gresleys Lokomotiven in England erlangte Ruf zu deren Einführung in Japan, und zwar nicht nur mit ihrem Antrieb durch drei Zylinder, sondern auch mit der Gresleyschen konjugierten Ventilsteuerung für die Betätigung der Spindel für die Innenzylinderventile. Die Baureihe C53, von der nahezu einhundert Maschinen entstanden, fiel dadurch auf, daß der gefällige Schornstein im Stil der englischen Great Central Railway zugunsten eines einfachen „Ofenrohrs“ aufgegeben wurde und der Sandkasten von der Oberseite des Kessels verschwand.

Die C53-Maschinen waren schnell und stark; eine von ihnen ist in einsatzbereitem Zustand erhalten. Ihre Hauptdaten: Drei Zylinder mit 450 mm Durchmesser und 660 mm Kolbenhub, Treibräder mit 1752 mm Durchmesser, Kesseldruck 13,9 kp/cm^2 (137,3 N/cm^2), Nenn-Zugkraft 13600 kp (13,6 t).

118 Japanische Staatsbahnen:
Personenzug-Tenderlokomotive der Baureihe C11, eingesetzt auf Nebenstrecken; Achsfolge 1'C2'

In den ländlichen Bereichen der Japanischen Staatsbahnen gibt es eine Anzahl von Nebenstrecken, die einen leichteren, aber dennoch wichtigen Verkehr führen. Für dieses Aufgabengebiet wurde die Baureihe C11 standardisiert, deren Lokomotiven die Achsfolge 1'C2' haben. Eine Anzahl davon ist heute noch in Betrieb, obwohl die Tendenz inzwischen dahin geht, dieselgetriebene Schienenbusse zu verwenden. – Die „C11" ist eine tüchtige kleine Maschine von völlig modernem Zuschnitt. Ihre Treibräder haben einen Durchmesser von 1524 mm, ihre Zylinder einen Durchmesser von 450 mm und einen Kolbenhub von 610 mm; der Kesseldruck liegt bei 14,98 kp/cm^2 (147,6 N/cm^2).

Maschinen dieser Baureihe arbeiten auf der nördlichsten der japanischen Hauptinseln, Hokkaido, wie schon erwähnt auf Nebenstrecken sowie anderswo im Rangierdienst. Ihre Nenn-Zugkraft beträgt 10490 kp (etwa 10,5 t). Wie alle modernen Konstruktionen von Dampflokomotiven der Japanischen Staatsbahnen wurde diese Baureihe in großen Mengen gefertigt; ihre Gesamtzahl betrug einmal 381 Stück. Die kleinere Baureihe C12 mit der Achsfolge 1'C1' bestand aus insgesamt fast 300 Exemplaren. Auch einige der C12-Maschinen sind immer noch in Betrieb.

119 **Japanische Staatsbahnen:** Leichte Personenzuglokomotive der Baureihe C57, Achsfolge 2'C1'

Der Buchstabe „C" in der Bezeichnung der Baureihen der Japanischen Staatsbahnen bezieht sich nur auf die Zahl der angetriebenen Achsen. So haben alle Lokomotiven mit drei Treib- bzw. Kuppelachsen ein „C", Lokomotiven mit vier Treib- bzw. Kuppelachsen ein „D" in der Baureihenbezeichnung, und so weiter. Die „Pacific"-Maschinen der Baureihe C57, von denen mehr als 200 Stück gebaut wurden, sind sehr stark, mit einer maximalen Achslast von nur 14,3 t. Eine Anzahl davon gibt es noch im regulären Einsatz auf den Inseln Hokkaido und Kiuschu. Das Bild zeigt eine Lokomotive, die für den kaiserlichen Zug einen besonderen Anstrich erhielt und entsprechend geschmückt wurde; der Autor hatte das Glück, diesen Zug während eines Besuches in Japan im Jahre 1973 zu sehen.

Die Treibräder der Lokomotive haben den Normaldurchmesser von 1752 mm; der Durchmesser der Zylinder beträgt 498 mm und der Kolbenhub 660 mm. Bei einem verhältnismäßig hohen Kesseldruck von 15,9 kp/cm^2 (155,2 N/cm^2) beläuft sich die Nenn-Zugkraft auf 12833 kp (12,8 t). Trotz des Verfeuerns von Kohle mit einem Heizwert weit unter dem der schlechtesten, die in Großbritannien gebräuchlich ist, haben die Lokomotiven der Baureihe C57 eine gute Dampfentwicklung, obgleich dicke Wolken von schwarzem Rauch mit einhergehen.

120 **Nederlandse Spoorwegen** (NS): Elektrische Lokomotive der Achsfolge Bo'Bo'

Beim Wiederaufbau der holländischen Eisenbahnen, der nach den Zerstörungen während der letzten Phasen des Zweiten Weltkriegs von Grund auf nötig geworden war, mußte man das nationale Netz als ein voll integriertes Ganzes neu planen. Allerdings konnte der Wiederaufbau nur allmählich vor sich gehen, so daß eine beträchtliche Zahl von Dampflokomotiven, die noch betriebsfähig waren, verwendet werden mußte. Während das Fernziel darin bestand, eine Reihe von schnellen Triebzügen aus mehreren Einheiten bereitzustellen, benötigte man in der Zwischenzeit für alle inländischen Verbindungen zahlreiche neue Lokomotiven; außerdem war Vorsorge zu treffen für den Frachtverkehr und für die internationalen durchgehenden Schnellzüge.

Für Mehrzweckbetrieb auf den mit Oberleitungen für 1500 V Gleichstrom elektrifizierten Linien wurde eine von der Firma Alsthom konstruierte elektrische Lokomotive gewählt. Diese war auch von der Französischen Staatsbahn eingeführt worden, bei der sie sich im Betrieb gut bewährte. – Die abgebildete Maschine unterscheidet sich nur in kleinen Details von der französischen. Sie eignet sich für eine Dauerleistung von 2450 PS (1800 kW), die das Führen eines 1250-t-Güterzuges bei 80 km/h oder eines 630-t-Schnellzuges bei 115 km/h zuläßt – beides auf ebener Strecke. Dies ist im Rahmen der allgemeinen täglichen Anforderungen recht gut.

121 **Société Nationale des Chemins de fer Français** (S.N.C.F.):
Elektrische Schnellfahrlokomotive, ausgerüstet für die vier europäischen Bahnstromsysteme

Die Entwicklung des internationalen Schnellzugverkehrs in Europa ist stets kompliziert gewesen, weil in den einzelnen Ländern unterschiedliche Bahnstromsysteme existieren. Vier Systeme sind derzeit in allgemeinem Gebrauch:

1500 V Gleichstrom in den Niederlanden sowie auf bestimmten Strecken in Frankreich,

3000 V Gleichstrom unter anderem in Belgien, Italien und Spanien,

15 kV Einphasen-Wechselstrom mit einer Frequenz von 16⅔ Hz in Deutschland, Österreich, Schweden und in der Schweiz,

25 kV Einphasen-Wechselstrom mit einer Frequenz von 50 Hz in Großbritannien sowie auf allen neu elektrifizierten Strecken in Frankreich.

Die abgebildete Lokomotive ist für den Betrieb auf jedem der vier genannten Bahnstromsysteme ausgelegt. Sie hat vier getrennte Stromabnehmer sowie entsprechende Transformatoren und Gleichrichter. An der Grenze zu einem Nachbarland kann sie ohne anzuhalten auf das jeweilige Bahnstromsystem umschalten. Lokomotiven dieses Typs werden für bestimmte Luxus-Expreßzüge eingesetzt, die ohne Aufenthalte verkehren, z.B. zwischen Paris und Brüssel. An der französisch-belgischen Grenze nun, wenn der Übergang von 25 kV Wechselstrom auf 3 kV Gleichstrom erfolgt, wird der bisher benötigte Stromabnehmer eingezogen und während des Leerlaufs der Lokomotive durch einen neutralen Abschnitt der Stromabnehmer für 3 kV Gleichstrom angehoben; Strom kann jedoch noch nicht fließen. Erst wenn elektrisch geprüft ist, daß der angehobene Stromabnehmer mit der

Spannung auf der Oberleitung übereinstimmt, wird der Strom eingespeist. In Wirklichkeit jedoch ist die Zeitdauer für das Umschalten kaum wahrnehmbar, selbst für einen erfahrenen Beobachter im Zug nicht.

122 **Société Nationale des Chemins de fer Français** (S.N.C.F.): Luxus-Reisezugwagen für den Trans-Europ-Expreß (TEE)

Das allmählich wachsende Netz der Trans-Europ-Expreßzüge ist ein vielbegrüßter Bestandteil des modernen Reiseverkehrs zwischen den größeren Bevölkerungs- und Industriezentren. Diese Züge verbinden außerordentlich hohe Geschwindigkeit mit einem Höchstmaß an Komfort und stellen gleichzeitig eine sehr willkommene Alternative zu Flugreisen dar. Der im Abschnitt 121 erwähnte Verkehr zwischen Paris und Brüssel umfaßt eine Reisezeit von insgesamt wenig mehr als zwei Stunden von einem Stadtzentrum zum anderen. Dies könnte mit einer Flugreise nicht erreicht werden, wenn man die unvermeidlichen Fahrten von der Stadtmitte zu den weit außerhalb liegenden Flughäfen dazurechnet.
Der im Bild gezeigte Reisezugwagen ist von einem Typ, wie er vor kurzem für solche sehr schnellen französischen Züge eingeführt wurde wie den „Mistral", der zwischen Paris, Lyon, Marseille und Nizza verkehrt. Die Verkleidung aus rostfreiem Stahlblech folgt dem Prinzip von Budd (s. Nr. 12), aber diese französischen Wagen haben Einzelabteile, nicht ein durchgehendes, salonähnliches Großraumabteil wie viele moderne Wagen. Sie fahren äußerst ruhig, sogar auf Kurvenabschnitten, wenn die Geschwindigkeit beständig um rund 160 km/h beibehalten wird.

123 **Ferrovie dello Stato** (F.S.) (Italien): Der elektrische Luxus-Schnelltriebzug „Settebello"

Die Italienische Staatsbahn war nach dem Zweiten Weltkrieg eine der ersten in Europa, die besonders schnell fahrende Züge eingesetzt haben. So wurde im Jahre 1953 der „Treno lusso" eingeführt, der dreimal in der Woche auf der Strecke Mailand – Bologna – Rom – Neapel verkehrte. Der aus sieben Wagen bestehende Triebzug, genannt „Settebello" („Die schöne Sieben"), wird von zwölf Fahrmotoren angetrieben, die aus dem italienischen Bahnstromsystem von 3 kV Gleichstrom gespeist werden. Der Zug fährt mit einer Höchstgeschwindigkeit von 180 km/h. Die Unterbringung der Fahrgäste ist außerordentlich luxuriös; in den sieben Wagen sind nicht mehr als 160 Sitzgelegenheiten vorhanden. Eine sehr ungewöhnliche Einrichtung sind vorne und am Ende des Zuges die Aufenthaltsräume mit Ausblick. Das Bild zeigt, wie der Führerstand oben aus dem Dach ragend angeordnet ist, so daß der Raum darunter den Fahrgästen zur Verfügung steht. In den beiden Aufenthaltsräumen mit Ausblick sind je elf Plätze, die ohne jeden Zuschlag eingenommen werden können. Als der „Settebello" zum erstenmal eingesetzt wurde, war er eine Zeitlang die einzige Zuggarnitur seiner Art, und er verkehrte, wie schon erwähnt, dreimal wöchentlich. Nun fährt täglich ein solcher Zug. Seine schnellsten „Sprünge" sind von Mailand nach Bologna: 219 km in 108 Minuten oder 121,8 km/h, und von Florenz bis Rom: 317 km in 178 Minuten oder 106,8 km/h.

124 **London, Midland and Scottish Railway** (England):
Umgebaute Lokomotive der „Royal Scot"-Klasse, Achsfolge 2'C

Als die Lokomotiven der „Royal Scot"-Klasse im Jahre 1927 eingeführt wurden, entwickelten sie einen hohen Grad an Leistung im anglo-schottischen Zugverkehr zwischen London und Glasgow. Aber als eine Serie von Lokomotiven mit dem von Sir William Stanier entwickelten konischen Kessel hergestellt wurde, fand man heraus, daß die Wartungskosten bei diesem Typ beträchtlich niedriger lagen als bei den herkömmlichen Lokomotiven. Deshalb faßte man den Entschluß, die Maschinen der „Royal Scot"-Klasse mit großen Kesseln, die eine konische Trommel haben, sowie mit der Belpaire-Feuerbüchse nach der Form der Great Western Railway umzubauen. Bei dieser Gelegenheit wurden auch die Konstruktion der Zylinder und das Ventilspiel verbessert. Die erste Lokomotive, die 1942 eine derartige Behandlung erfuhr, war die Nr. 6103, die „Royal Scots Fusilier". Das Ergebnis war so zufriedenstellend, daß man im Lauf der Zeit die ganze Baureihe von siebzig Lokomotiven auf diese Art umgebaut hat. In der Höchstleistung überboten die umgebauten Maschinen die originalen nicht besonders, aber ihre Zuverlässigkeit und Ausfallsicherheit nahmen erheblich zu.

125 **British Railways:**
Lokomotive der „King"-Klasse, Achsfolge 2'C, eingesetzt in Westengland

Als im Jahre 1927 die Vierzylinderlokomotiven der „King"-Klasse mit der Achsfolge 2'C bei der Great Western Railway zuerst eingeführt wurden, waren sie mit beträchtlichem Abstand die stärksten Schnellzuglokomotiven in Großbritannien. Zwanzig Jahre lang lieferten sie ein außerordentlich hohes Maß an Leistung. Aber in den Jahren nach dem Zweiten Weltkrieg machte eine Qualitätsminderung des verfügbaren Brennstoffs einige Änderungen an der Konstruktion jener Lokomotiven notwendig, damit sie die gestellten Anforderungen erfüllen konnten. Dazu kam noch ein höherer Überhitzungsgrad: Man verstärkte den Luftstrom in der Rauchkammer so, daß das Vorkriegsmaß an Dampf-Erzeugung trotz Verwendung der minderwertigen Nachkriegskohle erhalten blieb. – Mit diesen Änderungen erreichte man einige bemerkenswerte Leistungen, einschließlich des Führens eines Schnellzuges aus 25 Wagen mit insgesamt 810 t Gewicht bei einer Durchschnittsgeschwindigkeit von 91,7 km/h mit Abfahrt und Halt. Die letzte Änderung zeigt das Bild: Die Lokomotiven dieser Klasse erhielten doppelte Blasrohre und doppelte Schornsteine. Dies erhöhte ihre Geschwindigkeit und Leistung weiter. Eine Maschine der „King"-

Klasse mit der Nummer 6015, die „King Richard III", erreichte mit dem „Cornish Riviera Express" eine Höchstgeschwindigkeit von 173 km/h.

126 **British Railways:**
Stromlinienverkleidete Schnellzuglokomotive der „Pacific"-Bauart (2'C1'), Klasse A4; eingesetzt in Ostengland

Diese berühmte Baureihe einer Schnellfahrlokomotive erzielte bald nach ihrer Einführung im Jahre 1935 viele respektable Rekorde. In den Jahren, die dieses Buch mit seinem behandelten Zeitraum erfaßt, spielten die Lokomotiven weiter eine so wichtige Rolle im Führen des Hauptverkehrs entlang der Ostküste, daß sie sich als eine der hervorragendsten Klassen ihrer Zeit qualifizierten. Einige bedeutsame Änderungen an Einzelheiten im Triebwerk ergaben keinen geringen Beitrag zu ihrer anhaltend hohen Leistung. Verbesserte Maschinen und Verfahren in den Doncaster-Werken, wo die Baureihe gewartet wurde, ermöglichten eine genauere Reparaturarbeit sowie längere Einsätze zwischen den Routineüberholungen. Das führte auch zu einer größeren Zuverlässigkeit im Betrieb. Die größte Bewährung im Einsatz dieser Maschinen kam in jedem Sommer, wenn sie für mehrere Monate die anglo-schottischen Vormittags-Expreßzüge im Nonstop über die 632 Kilometer zwischen Kings Cross (London) und Edinburgh führten. Die offizielle Fahrtdauer war 6½ Stunden; aber Zeit bis zu einem Ausmaß von 25 Minuten für technische Wartung und andere gelegentliche Unterbrechungen wurde gewöhnlich wieder aufgeholt. Die reine Durchschnittsgeschwindigkeit war somit auf dieser langen Fahrt weit mehr als 95 km/h.

127 **British Railways:**
Schnellzuglokomotive der „Pacific"-Bauart (2'C1'), Klasse A3, eingesetzt in Ostengland

Die Stromlinienlokomotiven der Baureihe A4 (s. Nr. 126) entstanden aus der Baureihe A3, die wiederum – im Jahre 1928 – einen Schritt vorwärts darstellten von den Gresleyschen Original-„Pacifics" der Great Northern Railway, die 1922 gebaut wurden. Aber wie die Baureihe A4 hat man auch die A3 in den ersten Jahren nach dem Zweiten Weltkrieg wesentlich verbessert. Außer für die Nonstop-Fahrten nach Edinburgh standen sie abwechselnd mit den Maschinen der Baureihe A4 für die anderen wichtigen Schnellzüge ab London/Kings Cross im Einsatz.
Die A3-Maschinen erfuhren die gleiche intensive Behandlung, was die Präzision bei Reparaturen betrifft. Sie wurden mit doppelten Blasrohren und doppelten Schornsteinen ausgestattet, und auf Grund des sanften Gebläsewindes infolge des verbesserten Schornsteinzuges mußten Windleitbleche an beiden Seiten der Rauchkammer angebracht werden. Dies verbesserte zwar nicht ihr Aussehen, stellte aber eine Zusatzvorrichtung dar, die die Gefahr ausschloß, daß der ausgestoßene Qualm niedergehen und den Ausblick des Lokomotivführers nach vorn verdecken konnte.

128 New Zealand Government Railways:
Elektrische Lokomotive der Baureihe EW mit der Achsfolge Bo'Bo'Bo', Leistung 1800 PS (1320 kW)

Als die Entscheidung fiel, die Hutt-Valley-Linie ab Wellington zu elektrifizieren, gab es, obwohl die elektrische Traktion schon seit einigen Jahren in Neuseeland existierte, keine Lokomotiven mit der nötigen Zugkraft für die starken Steigungen und mit der zulässigen maximalen Achslast. Der Gedanke, eine Lokomotive mit drei Drehgestellen zu je zwei Achsen zu versehen, mag mit gutem Grund aus Italien gekommen sein, wo Lokomotiven dieser Bauart seit 1942 mit sehr guten Ergebnissen in Betrieb gewesen sind. Folglich vergaben die New Zealand Government Railways einen Auftrag an die English Electric Company über sieben leistungsstarke Maschinen, die auf dem Paekakariki-Abschnitt mit der im Verhältnis von 1:57 zu überwindenden Pukerua-Steigung eingesetzt werden sollten. Sie wogen nicht mehr als 76,5 t und kamen damit bei einer Spurweite von 1066 mm auf die festgesetzte maximale Achslast von 12,75 t. Im Jahre 1951 wurden sie in Dienst gestellt und waren ein außerordentlicher Erfolg. Ausgelegt für eine Höchstgeschwindigkeit von 95 km/h, überschreiten sie normalerweise nicht die Grenze von 80 km/h. Ihr Hauptnutzen liegt jedoch darin, daß sie die starken Steigungen bewältigen. Die Pukerua-Steigung nehmen sie mit 65 km/h vor einem 300 t schweren Personenzug und mit 35 km/h vor einem 600 t schweren Güterzug. – Es ist bemerkenswert, festzuhalten, daß die gleiche Achsfolge später auch von der Rhätischen Bahn in der Schweiz für ihre sehr bergige Linie in den Alpen übernommen wurde, nämlich im Jahre 1958 (vgl. Nr. 79).

129 New South Wales Government Railways (Australien):
Elektrische Lokomotive der Baureihe 46, eingesetzt auf Hauptstrecken

Die New South Wales Government Railways haben in ziemlicher Nähe von Sydney zwei Streckenabschnitte mit außergewöhnlichen Steigungen, und zwar so nahe, daß es logisch war, das elektrifizierte Vorortnetz zu erweitern, um sich die Vorteile der elektrischen Traktion im schweren Personen- und Güterverkehr zunutze zu machen. Die beiden betreffenden Streckenabschnitte sind die Überquerung der Blue Mountains zwischen Penrith und Lithgow auf der Hauptlinie nach Westen sowie die Strecke nach Norden bis Gosford einschließlich der schwierigen Steigungen, wenn sich die Eisenbahnlinie dem Hawkesbury-Fluß nähert.
Die Ausschreibungsbedingungen über elektrische Lokomotiven für den Verkehr auf Hauptstrecken, die bei der Metropolitan Vickers Company in England bestellt wurden, verlangten als Leistung eine Dauergeschwindigkeit von 55 km/h mit einer Zuglast von 400 t bei einem Steigungsverhältnis der Strecke von 1:33. Der Leistungsunterschied zwischen elektrischen und dieselelektrischen Lokomotiven von annähernd

gleicher Größe und gleichem Gewicht wurde bei den New South Wales durch den Vergleich der neuen elektrischen Maschinen mit Dieselmaschinen der Baureihe 44 schlagend bewiesen. Diese haben ein Gesamtgewicht von 108 t und die elektrischen Maschinen ein solches von 110 t. Die Motorleistung der dieselelektrischen Lokomotiven beträgt 1840 PS (1350 kW), während die rein elektrischen eine Dauernennleistung von 3570 PS (2620 kW) aufbringen, wobei ihre Kurzleistung natürlich bedeutend größer ist. Bei diesem Vergleich muß man allerdings berücksichtigen, daß die Kosten für die Elektrifizierung einer Strecke hoch sind.

130 **Commonwealth Railways** (Australien):
Dieselelektrische Lokomotive mit einer Leistung von 1500 PS (1100 kW), gebaut von der General Motors Corporation (G.M.), USA

Wenn man heutzutage in vielen Teilen der Welt mit der Eisenbahn fährt, begegnet man immer wieder den vertrauten Konturen der Produkte von Firmen wie English Electric, Alsthom, General Motors und Montreal Locomotive Works, oft mit den fremdartigsten Anstrichen versehen. Aber es gibt bei den Commonwealth Railways in Australien wohl keine beachtlichere Ausführung eines ganz und gar beispielhaften Lokomotiventwurfs als jene der 1500-PS-Einheiten der „ersten Generation" von General Motors. Diese ausgezeichneten Maschinen, die gewöhnlich paarweise eingesetzt werden, verkehren auf der erstaunlichen transaustralischen Linie über die Nullarbor-Ebene, wo eine einzelne Reise über fast 1800 km von Port Pirie in Südaustralien bis Kalgoorlie in Westaustralien führt. Auf diesen Fahrten werden die Lokomotiven von vier Mannschaften bedient, zwei von jedem Endpunkt der Linie. Die Männer arbeiten in einem Viertagezyklus unterwegs, wobei sie nach dem Dienstplan drei aufeinanderfolgende Nächte auswärts verbringen; zwei Tage sind dienstfrei zu Hause.
Die Geschwindigkeit der normalen Reisezüge beträgt 95 km/h. Mit einem Rekord kann die Strecke ebenfalls aufwarten: Sie enthält den fast 480 km langen Abschnitt über die gänzliche Leere der Nullarbor-Ebene, wo der Gleisstrang absolut gerade verläuft. Die „Landschaft" ist von jedem natürlichen Merkmal so völlig entblößt – nulla arbor: „kein Baum" –, daß, wenn der Zug sich einer Station nähert, die Gebäude zuerst als Punkte am Horizont erscheinen – sichtbar über die Erdkrümmung wie beim ersten Auftauchen einer Insel oder eines Schiffes auf dem Meer.

131 **Queensland Government Railways** (Australien):
Dieselelektrische Lokomotive mit der Achsfolge Co'Co', eingesetzt auf Hauptstrecken; Gewicht 90 t

Der Übergang zur Dieseltraktion begann bei den Queensland Government Railways im Jahre 1952, aber die Gesellschaft verfolgte – im Unterschied zu einigen anderen Eisenbahnen, soweit man sich erinnern kann – von Anfang an eine Politik

der vollkommenen Standardisierung. Es kam nicht in Frage, die Vorzüge der verschiedenen Bauarten zu testen und dann jene auszuwählen, die man als am geeignetsten betrachtete. Die Wahl war getroffen, ehe die Aufträge erteilt wurden, so daß der Lokomotivenpark nun aus nicht mehr als *drei* Baureihen besteht. Weiterhin wurde festgelegt, daß alle diese Lokomotiven in Queensland zu bauen waren, mit Ausnahme der importierten Antriebsaggregate.
Die drei Baureihen sind eine dieselelektrische Mehrzweck-Lokomotive für Personen- und Güterverkehr auf Hauptstrecken, mit einer Leistung zwischen 1500 und 2000 PS (1100 bzw. 1470 kW), einem Gewicht von 92 t und der Achsfolge Co′Co′; eine dieselelektrische Lokomotive für Personenzugverkehr auf Nebenlinien, mit einer Leistung von rund 900 PS (660 kW), einem Gewicht von 60 t und ebenfalls der Achsfolge Co′Co′; schließlich eine dieselhydraulische Lokomotive für leichten Einsatz auf Nebenlinien sowie den Rangierdienst, mit einem Gewicht von 40 t.
Bei den Queensland Government Railways gibt es jetzt auch sehr schwere Kohlentransporte, die den Einsatz von drei Co′Co′-Maschinen mit je 2020 PS (1485 kW) Leistung erfordern, aber die Personenzüge auf den Hauptstrecken werden von einer einzigen geführt, gewöhnlich mit einer Leistung von 1680 PS (1235 kW). – Den gefälligen Anstrich, wie er im Bild zu sehen ist, erhalten alle Lokomotiven im Streckendienst, sei es für Personen- oder für Kohlenzüge, und jede wird aufs vortrefflichste sauber gehalten. Die dieselhydraulischen Rangierlokomotiven haben einen Anstrich von Grau und hellem Grün.

132 **Alaska Railroad** (USA): Mehrzweck-Lokomotive mit der Achsfolge 1′D, eingesetzt seit 1943

Der abgelegene nördlichste Staat der USA, Alaska, erlangte im Zweiten Weltkrieg eine größere strategische Bedeutung als Operationsbasis für die US-amerikanischen Luftstreitkräfte. In neuerer Zeit ist Alaska den Weltreisenden im zivilen Düsenflugverkehr auf der Polarroute von Europa nach dem Fernen Osten als ein Zwischenlandepunkt bekannt geworden. Im Jahre 1943 benötigte man zusätzliche Triebfahrzeuge für den Kriegseinsatz auf der Alaska-Bahn; eine Reihe von Lokomotiven mit der Achsfolge 2′D wurden bei der Baldwin Locomotive Company gekauft. Diese Maschinen, von denen die abgebildete Nr. 557 die letzte dampfbetriebene Einheit im Betrieb in Alaska darstellte, ähnelten im allgemeinen jenen 1′D-Lokomotiven, die bei Baldwin und anderen amerikanischen Herstellern gebaut wurden und für den Einsatz bei den US-Armeen in Europa vorgesehen waren (vgl. Nr. 21). Mit besonderen Merkmalen, wie einer Vakuumbremse sowie der Zug- und Stoßeinrichtung nach britischer Bauart, waren die Alaska-Lokomotiven natürlich nicht ausgerüstet, aber man kann erkennen, daß die Nr. 557 den üblichen amerikanischen Frontscheinwerfer, den Bahnräumer und die Glocke hat. Ursprünglich war sie für Kohlebefeuerung eingerichtet, bekam 1955 aber eine Ölfeuerung, wie das Bild zeigt. Ihre Hauptmaße waren genau die gleichen wie bei den Lokomotiven, die ab 1942 nach Europa verschifft wurden.

133 **Deutsche Reichsbahn** (DR) (DDR):
Schnelltriebzug mit dieselhydraulischem Antrieb

Der schnelle, stromlinienförmige Dieseltriebzug hatte seinen Ursprung zu Anfang der dreißiger Jahre in Deutschland. In der Tat war es die ungewöhnliche Leistungsfähigkeit des „Fliegenden Hamburgers", die unmittelbar zum Bau des stets denkwürdigen „Silver Jubilee" führte, des dampfbetriebenen stromlinienverkleideten Schnellzuges der London and North Eastern Railway. In den Jahren vor dem Zweiten Weltkrieg wurden andere schnelle Triebwagenverbindungen von Berlin aus mit natürlich umfangreicherem Platzangebot als beim „Fliegenden Hamburger" eingerichtet, aber nach dem Krieg kam dieser spezielle Zugtyp nicht wieder in Gebrauch. In der Deutschen Demokratischen Republik, wo die Eisenbahn den in der Vorkriegszeit verwendeten Namen beibehielt – Deutsche Reichsbahn –, wurden einige Schnelltriebzüge eingeführt. Das Bild zeigt die Antriebseinheit, den eigentlichen Triebwagen, des eindrucksvoll gestalteten Berlin–Schönefeld-Dienstes. Jeder Zug besteht aus zwei Triebwageneinheiten – einer an jedem Ende – und drei Mittelwagen. Die Triebwagen haben einen Zwölfzylinder-Dieselmotor von 900 PS Leistung (660 kW). Die Kraftübertragung geschieht auf hydraulischem Wege. Diese Triebzüge erreichen eine Höchstgeschwindigkeit von 165 km/h.

134 **Statens Järnvägar** (Schweden):
Elektrische Lokomotive der Baureihe Dm3 mit einer Leistung von 9975 PS (7330 kW)

Seit die Neuseeländischen Staatsbahnen die italienische Neuheit aus dem Jahr 1942 übernommen und sie 1951 mit so großem Erfolg an die Bedingungen der Hutt-Valley-Linie bei Wellington angepaßt hatten, erfuhr die aus drei angelenkten Einheiten bestehende elektrische Lokomotive für den verschiedenartigsten schweren Betrieb eine bemerkenswerte Entwicklung. Bis jetzt ist indessen kein anderes Produkt hinsichtlich der Höchstleistung an die Lokomotiven der Baureihe Dm3 herangekommen, die von Nydqvist & Holm A.B. (NOHAB) im Jahre 1960 für die Schwedischen Staatsbahnen gebaut wurden. Diese dreiteiligen Gelenklokomotiven gehören mit einer Gesamtleistung an den Antriebswellen von 9975 PS (7330 kW) zu den stärksten Einzellokomotiven in der Welt. Sie fahren mit dem in Schweden vorhandenen Bahnstrom von 15 kV Wechselspannung und einer Frequenz von 16⅔ Hz auf der Normalspurweite von 1435 mm.
Die Lokomotive hat sechs Fahrmotoren, die paarweise eine Vorgelegewelle antreiben. Diese ist in der Mitte jedes der drei Kuppelradsätze angeordnet und überträgt die Kraft mittels Treibstangen auf die vier Achsen jedes Radsatzes. Damit ist

das gesamte Gewicht der Lokomotive von 272 t für die Haftreibung verfügbar. – Arbeitsgebiet der Baureihe Dm3 ist das Führen sehr schwerer Eisenerzzüge von 5200 t über starke Gebirgssteigungen von Kiruna im äußersten Norden Schwedens nach Narvik in Norwegen. Insgesamt werden neunzehn dieser überaus starken Lokomotiven eingesetzt; davon sind sechzehn mit einem Widerstandsbremssystem ausgerüstet, das beim Transport so gewaltiger Lasten auf Gefällestrecken unerläßlich ist. – Die Höchstgeschwindigkeit beträgt nur 60 km/h. Aber von erster Wichtigkeit bei einem derartigen Betrieb sind natürlich Zugkraft und Bremskraft.

135 **Ferrovie dello Stato** (F.S.) (Italien):
Dieselelektrische Lokomotive der Baureihe D341

Die Italienische Staatsbahn gehörte zu den ersten Eisenbahnen in der Welt, die die elektrische Traktion einführten. In den jüngstvergangenen Jahren konnte man das mit 3000 V Gleichstrom elektrifizierte Streckennetz beträchtlich erweitern. Aber wie in Deutschland und Frankreich gibt es noch zahlreiche Linien, die früher mit Dampf betrieben wurden, bei denen eine Elektrifizierung noch nicht gerechtfertigt ist. Die im Bild gezeigte Lokomotive stellt ein bedeutsames Beispiel für eine mittelstarke Mehrzweck-Einheit dar, von der viele Exemplare eingesetzt worden sind. Sie hat die Achsfolge Bo'Bo', ein Gesamtgewicht von nur 65 t und ist auf eine Höchstgeschwindigkeit von nur 100 km/h begrenzt – im wesentlichen eine Lokomotive für zweitrangige Strecken. Ihr khakibrauner Anstrich war einmal für alle italienischen E-Loks einheitlich; neuerdings ist jedoch für die Reisezuglokomotiven auf Hauptstrecken eine frische Aufmachung von sanftem Grau und einem hellen Grün eingeführt worden.

136 **Japanische Staatsbahnen:**
Diesel-Schnelltriebzug, bestehend aus mehreren Einheiten

Die Dampftraktion findet nunmehr bei den Japanischen Staatsbahnen ein schnelles Ende, und ganz abgesehen von den „Super-Expreßzügen" auf den Shin-Kansen-Linien, gelegt in der Normalspur von 1435 mm (s. Nr. 153), sind viele sehr schöne neue Zuggarnituren auf den Strecken mit der Spurweite von 1066 mm eingeführt worden. Diese haben entweder elektrischen oder Dieselantrieb. Auf der Insel Hokkaido im Norden wird die Dieseltraktion angewandt; das Bild zeigt den Typ eines (nur mit Platzkarten benutzbaren) Schnellzuges, der zwischen der Hauptstadt Sapporo und der Hafenstadt Hakodate verkehrt, von wo aus mit Hilfe einer Eisenbahnfähre Verbindung zur Hauptinsel Hondo (Honschu) besteht. Diese Züge sind elegant ausgestattet, haben Vollklimatisierung und verfügen sowohl über einen Buffetwagen als auch über Einzelbedienung an den Plätzen. Die Geschwindigkeiten variieren in den verschiedenen Teilen des Streckennetzes, wobei das Maximum bei etwa 120 km/h liegt. Alle Züge fahren sehr ruhig und angenehm auf den hervorragend gewarteten Gleisen. Ähnliche Züge, jedoch elektrisch betrieben, verkehren in anderen Netzbereichen.

137 **Japanische Staatsbahnen:** Mehrzweck-Lokomotive der Baureihe D51, Achsfolge 1'D1'

Diese Lokomotivklasse, kurz vor dem Zweiten Weltkrieg eingeführt, stellt in ihrer fast universellen Verwendbarkeit das japanische Gegenstück zu der britischen „Black Five" der London, Midland and Scottish Railway dar. Die sehr starken Lokomotiven haben eine moderne Konstruktion und die notwendigerweise zweckmäßige äußere Gestaltung. Sie wurden mit technischen Aggregaten ausgestattet, die die ziemlich kleine, allgemein angewandte Braunkohle sehr wirkungsvoll ausnutzen. Der Dampfausstoß von den Ventilen gelangt, bevor er zum Blasrohr kommt, durch einen großen Sammelbehälter, und dies hat zur Folge, daß der Luftstrom ausgeglichen und ein zu heftiger Zug auf das Feuer vermieden wird, was die kleine Kohle hochwirbeln würde. Allerdings ist der Abdampf aus diesen Lokomotiven oft sehr stark verfärbt.
Die Maschinen haben Zylinder mit 549 mm Durchmesser und 660 mm Kolbenhub, Treibräder mit einem Durchmesser von 1397 mm und bei einem Kesseldruck von 14,0 kp/cm² (137,2 N/cm²) eine Zugkraft von 16900 kp (16,9 t). Das Gewicht ohne Tender beträgt 78 t. – Der Effekt jener Ausgleichskammer beruht darin, daß der Abdampf sehr leise aus dem Schornstein ausgestoßen wird und, sogar wenn die Lokomotive mit einem schweren Güterzug anfährt, der Ausstoßtakt sehr sanft ist. Die Maschinen waren im Einsatz recht erfolgreich; mehr als 1100 ihrer Baureihe wurden hergestellt. Die Ausweitung des elektrifizierten Streckennetzes hat heute viele von ihnen überflüssig gemacht, während die noch überlebenden Lokomotiven zumeist auf der Insel Hokkaido im Norden und auf Kiuschu im Süden anzutreffen sind.

138 **Japanische Staatsbahnen:** Schnellzuglokomotive der Baureihe C62, Achsfolge 2'C2'

Die sehr eindrucksvollen Lokomotiven der Baureihe C62 waren die letzte Entwicklung japanischer Dampflokomotiven für den Reisezugverkehr auf Hauptstrecken mit der Spurweite 1066 mm. In ihren letzten Tagen dienten sie auf der Insel Hokkaido zum Führen der Schnellzüge zwischen dem Fährhafen von Hakodate und Sapporo, der Hauptstadt der Insel. Sie bildeten eine Weiterentwicklung aus einer Serie von „Pacific"-Lokomotiven und einer älteren Bauart mit der Achsfolge 2'C2', der Baureihe C61. Die Maschinen der Baureihe C62 hatten zwei Zylinder mit 520 mm Durchmesser und 660 mm Kolbenhub; ihre Treibräder maßen 1749 mm, und mit einem Kesseldruck von 16,1 kp/cm² (157,0 N/cm²) erreichten sie eine Zugkraft von 13885 kp (rund 13,9 t) – ein hoher Wert für eine Schnellzuglokomotive der Spurweite 1066 mm und für eine Strecke, die wegen der Strukturbegrenzungen keine so gewaltigen Maschinen zuließ wie die Strecken in Südafrika. Das Gesamtgewicht der Lokomotiven der Baureihe C62 betrug ohne Tender 89 t. – Eine Maschine mit der Seriennummer C62-2 ist erhalten und noch voll einsatzfähig in dem runden Lokomotivschuppen in Kyoto abgestellt. Gelegentlich wird sie unter Dampf gesetzt und außerhalb des Schuppens auf einer kurzen Strecke ausgefahren.

139 **Japanische Staatsbahnen:**
Zwei elektrische Lokomotiven der Baureihe ED

Die Elektrifizierung der japanischen Eisenbahnlinien hat in den vergangenen Jahren schnelle Fortschritte gemacht, obwohl es nebenbei vielerlei Schwierigkeiten wegen der unterschiedlichen Bahnstromsysteme auf der Hauptinsel Hondo und auf den kleineren Inseln gibt. In Hondo sind alle Strecken der Spurweite 1066 mm mit 1,5 kV Gleichstrom elektrifiziert, wie es in den Niederlanden und teilweise in Frankreich der Fall ist. Außerdem führen in Hondo die neuen Shin–Kansen-Linien (s. Nr. 153) 25 kV Wechselstrom mit einer Frequenz von 50 Hz, wie in Großbritannien und auf allen neu elektrifizierten Strecken in Frankreich. Heute sind die meisten Tagesschnellzüge auf Strecken mit der Spurweite 1066 mm mehrgliedrige Triebzüge, entweder mit elektrischem oder auf nichtelektrifizierten Strekken mit Dieselantrieb (vgl. Nr. 136). Aber es gibt eine Reihe von Nachtschnellzügen mit Schlafwagen, die von einzelnen Lokomotiven geführt werden müssen, wie zwei auf dem Bild zu sehen sind. Diese eignen sich sowohl für Reisezug- als auch Güterzugbetrieb.

140 **Victorian Railways und South Australian Railways:**
Erster-Klasse-Schlafwagen, eingesetzt im „Überland"-Verkehr zwischen Melbourne und Adelaide

Der „Overland", ein allnächtlich zwischen Melbourne und Adelaide verkehrender, stets sehr gut besetzter Schlafwagen-Schnellzug ist der ältesteingeführte durchgehende Intercity-Expreß in Australien. Die Victorian Railways und die South Australian Railways hatten beide von Anfang an die gleiche Spurweite eingeführt, nämlich 1066 mm, und als ihre Netze im Jahre 1887 an der Grenzstation Servicetown miteinander verbunden wurden, konnte der durchgehende Verkehr beginnen. – Der Name „Overland" ist historischen Ursprungs; denn ehe die beiden Staatsbahnen in Servicetown zusammenhingen, führte der einzige reguläre Verkehrsweg zwischen den beiden Provinzhauptstädten Melbourne und Adelaide über das Meer. Ab 1887 gab es dann die Verbindung „over land", über das Land.
Heute ist der „Overland"-Expreß ein sehr langer, luxuriös ausgestatteter Zug, der oft bis zu achtzehn Wagen mitführt und ausschließlich von Diesellokomotiven gezogen wird. Die Schlafwagen gehören zu den am sorgfältigsten eingerichteten in der Welt; sie sind wie diejenigen anderer Intercity-Züge Australiens, z.B. des „Southern Aurora" zwischen Sydney und Melbourne oder

des „Indian Pacific“, mit eigenen Duschkabinen für jedes Bett versehen. Alle Wagen des „Overland“ sind gemeinsames Eigentum der Victorian Railways und der South Australian Railways: V & SAR (s. Bild). Die Lokomotiven werden in Servicetown gewechselt.

141 **Deutsche Bundesbahn** (DB): Zweigeschossiger Reisezugwagen für den Intercity-Verkehr

Das Problem, in Ballungszentren mit der Unterbringung der Reisenden während der Hauptverkehrszeit oder „Stoßzeit“ fertigzuwerden, hat die Eisenbahnen vieler Länder ständig beschäftigt. Eisenbahnen, die ein großzügigeres Lademaß haben als jene in Großbritannien, begannen schon vor vielen Jahren, mit zweigeschossigen Personenwagen zu experimentieren, aber dabei ging es nicht ausschließlich darum, einfach möglichst viele Menschen hineinzupferchen. Die Southern Railway in England hat einige Versuchswagen ausprobiert, aber diese wurden bei jedermann unbeliebt, weil es meist zu lange dauerte, bis sie an den Stationen voll besetzt waren.
Der großzügige deutsche Wagen, der im Bild dargestellt ist, erscheint deshalb ungewöhnlich, weil er nicht in erster Linie für den Vorort-Pendelverkehr dient. Er verkehrt vom Industriegebiet am Rhein, beginnend in Düsseldorf, bis Frankfurt und Fulda. In Leichtbauweise konstruiert, bietet der ganze Wagen nicht weniger als 324 Personen Platz. Das obere Geschoß jedes Wagens enthält einige Zweiter-Klasse-Abteile, während im Untergeschoß in der Wagenmitte ein Buffet untergebracht ist. Alle übrigen Plätze sind dritter Klasse. Im Unterschied zu vielen neueren Wagen erscheinen die Fenster etwas zu klein geraten zu sein; aber man sollte berücksichtigen, daß diese Ausführung schon vor verhältnismäßig langer Zeit eingeführt wurde, nämlich 1951.

142 **Gornergrat-Bahn** (Schweiz): Elektrischer Schienenbus

Das Matterhorn ist wohl der schönste Berg in den Alpen, und seit 1898 ist es durch den Bau der elektrischen Gornergrat-Bahn möglich geworden, sein eindrucksvolles Profil näher zu betrachten und leichteren Zugang zu ihm zu finden. Die Gornergrat-Bahn bringt die Touristen bis zu einer Höhe von 3130 Metern an einen bekannten Aussichtspunkt am Grat. Einziges Risiko, das der Besucher zu erleben gewärtig sein muß, ist die unvorhersehbare Natur: Man kann im Frühsommer das Rhonetal aufwärts bis Brig, dem Umsteigepunkt zur Schmalspurbahn nach Zermatt, in einem Wetter fahren, das heiß und beständig schön zu sein verspricht, und am nächsten Morgen alles tief verschneit und die ganze Aussicht auf die Berge durch Wolken verdeckt vorfinden.
Die Gornergrat-Züge mit ihrem massiven Zahnrad-Triebwerk verkehren während aller Wetterlagen, wenngleich es in außergewöhnlichen Fällen üblich ist, einen Vorauswagen auf den Berg zu schicken, um sicherzugehen, daß die Strecke offen ist, ehe ein Zug mit Fahrgästen hinauffährt. Die vorherrschende Steigung hat ein Verhältnis von 1:5,

und die starken, in der Nachkriegszeit eingeführten Schienenbusse in Leichtbauweise verkürzen die Fahrzeit von etwa 70 Minuten auf die jetzt benötigten 45 Minuten. Der Höhenunterschied zwischen Zermatt und der Bergstation beträgt 1485 Meter, die auf einer Strecke von nicht mehr als 9¼ Kilometern bewältigt werden.

143 **Griechische Staatsbahnen:**
Luxus-Reisezugwagen mit Drehgestell-Radsätzen

Dieser Drehgestell-Reisezugwagen, der Platz für achtzehn Erster-Klasse- und achtundzwanzig Zweiter-Klasse-Reisende bietet, ist auf einen besonderen Komfort zugeschnitten. Die Abteile beider Klassen haben bequem gepolsterte Sitze, die sich drehen und deren Rückenlehnen sich nach hinten verstellen lassen; Kopfstützen, Armlehnen, Aschenbecher und Einhängevorrichtungen für Tabletts sind ebenso vorhanden. An den Gepäcknetzen über den Fenstern sind Leselampen für je zwei Sitze angebracht. Wände und Dekken sind mit einer Vertäfelung aus Plastikmaterial verkleidet. Die Fenster in den Seitengängen lassen sich nur bis zur Hälfte öffnen, und Rollblenden an allen Fenstern dienen zum Abschirmen der Sonnenstrahlen. Das Buffetabteil enthält die folgenden Einrichtungsgegenstände: Bartisch mit Flaschenregalen, Kocher, Spülbecken und Qualmabzug, eingebauter Kühlschrank, Heißwasserbereiter, Kaffeemaschine und Trinkwasserkühlkessel, schließlich Wandschrank, Glasvitrine und Geschirrkästen.

144 **Empresa Ferrocarriles Argentinos** (EFA):
Erster-Klasse-Personenwagen, eingesetzt im Vorortverkehr

Zu einer Zeit, in der der Vorort-Pendelverkehr in vielen Großstädten der Welt nur noch mit einer Wagenklasse durchgeführt wird, ist es bemerkenswert, daß in den von Fahrgästen wimmelnden Vorortbereichen von Buenos Aires ein ziemlich verschwenderisches Platzangebot den Reisenden der ersten Klasse vorbehalten ist. Der abgebildete Personenwagen, der ein Leergewicht von 40 t hat, bietet Platz für nicht weniger als 96 Fahrgäste, während der entsprechende Zweiter-Klasse-Wagen – von etwa gleichen Abmessungen und gleichem Gewicht – dagegen 103 Sitze hat, also nur unwesentlich mehr. Seltsamerweise ist die erste Klasse, von der man gemeinhin nicht erwarten würde, daß sie so gut besetzt ist, mit viel geräumigeren Ausstiegen versehen. Der Wagen hat eine einfache Klapptür halber Breite an jedem Ende und zwei Doppeltüren als Einstiege an der Längsseite, während bei der zweiten Klasse nur eine einfache Tür an jedem Ende vorhanden ist. Die Innenausstattung beider Wagenklassen ist vornehm und geräumig, aber man kann sehen, daß die Fenster sehr niedrig sind, offenbar um die Sonnenstrahlen an heißen Sommertagen abzuhalten. Das trifft auch für den Zweiter-Klasse-Wagen zu; die Fenster beider Klassen sind mit Sonnenjalousetten versehen. – Die Wagen sind für die Strecken mit der Spurweite von 1676 mm ausgelegt und nicht speziell für eine der verschiedenen Linien wie „General San Martin“ oder „General Roca“.

145 **Chilenische Staatsbahnen:** Elektrische Schnellzuglokomotive mit der Achsfolge Co'Co'

In keinem Land haben die geographischen Verhältnisse die Form des Eisenbahnnetzes in einem größeren Ausmaß bestimmt als in Chile. Die hochaufragende Gebirgskette der Anden, die sich parallel und in keiner zu großen Entfernung zur Küste des Südpazifik hinzieht, hat dazu geführt, daß sich die Bevölkerung in einem verhältnismäßig schmalen Landstreifen ausbreiten mußte. So verläuft die Haupteisenbahnlinie des Landes naturgemäß über mehrere hundert Kilometer von der Hauptstadt Santiago nach Süden. Die unmittelbare Nähe des Gebirges hat die Entwicklung einer elektrischen Energieversorgung erleichtert, und die Elektrifizierung aller Eisenbahnlinien ist gegenwärtig noch im Gang. Die Chilenischen Staatsbahnen entschieden sich für das gleiche Bahnstromsystem, wie es Spanien und Italien haben, nämlich 3 kV Gleichstrom – wahrscheinlich auf Grund der ethnischen Herkunft der Bewohner Chiles aus den romanischen Ländern Europas.
Die im Bild gezeigte sehr starke Lokomotive ist eine von sechsunddreißig, die Anfang der sechziger Jahre von der Firma Gruppo Azienda Italiana geliefert wurden. Sie hat die Achsfolge Co'Co', ein Gewicht von 136 t und erreicht eine Höchstgeschwindigkeit von 130 km/h. Die chilenischen Bahnen haben wie die Hauptlinien in Argentinien und Brasilien die 1600-mm-Spurweite. Mit elektrischem Betrieb ist beabsichtigt, eine verhältnismäßig schnelle Zugverbindung von Santiago aus nach Süden einzurichten. Mit einer Leistung, die 4000 PS (2940 kW) etwas übersteigen kann, dürften diese Lokomotiven in der Lage sein, einen guten Betrieb sicherzustellen.

146 **Southern Pacific Railroad** (USA):
Zweigeschossiger Personenwagen für den Vorortverkehr von San Francisco

Das Gebiet um die berühmte Bucht von San Francisco hat in den letzten Jahren eine wahre Bevölkerungsexplosion erfahren, so daß alle Formen des Transports praktisch bis an die Grenzen ihrer Leistungsfähigkeit ausgeweitet worden sind. Vor wenigen Jahren übergab man das „Bay Area Rapid Transit System“ (BART, etwa „schnelles Transitsystem im Gebiet der Bucht“) dem Betrieb, für das umfangreiche Werbeaktionen veranstaltet wurden. Inzwischen hat die größte der den Raum San Francisco bedienenden „gewöhnlichen“ Eisenbahnen energische Schritte unternommen, das Problem des Vorort-Pendelverkehrs zu entschärfen. Insbesondere konzentrierte man die Aufmerksamkeit auf die 75-km-Verbindung zwischen San Francisco und San Jose eine Linie, die nicht weniger als fünfundzwanzig größere Bevölkerungszentren bedient. Die Vorortzüge auf dieser Route bestehen aus jeweils sechs Wagen des im Bilde gezeigten Typs und werden von einer dieselelektrischen Lokomotive geführt.

Die Southern Pacific läßt täglich zweiundzwanzig dieser Züge in jeder Richtung laufen, und während der Hauptverkehrszeit finden die Abfahrten in San Francisco in Dreiminutenabständen statt. Einige der Züge in der „Stoßzeit" fahren mit Rücksicht auf die Zahl der Zwischenhalte sehr schnell. Ein typisches Beispiel ist der 17.14-Uhr-Zug, der die rund 50 Kilometer bis zur California Avenue Station in Palo Alto in 38 Minuten zurücklegt.

147 **Red Nacional de Ferrocarriles** (RENFE) (Spanien):
Elektrischer Triebwagen für 3000 V Gleichstrom

In Spanien gibt es mehrere elektrische Bahnstromsysteme. Das älteste geht bis in das Jahr 1911 zurück, als die Südbahn etwa 25 Kilometer der Almeria-Linie mit Dreiphasen-Wechselstrom von 5,5 kV elektrifizierte; sie mußte schwere Eisenerzzüge über eine bergige Strecke mit vielen Steigungen führen. Dies blieb eine für sich getrennte Einrichtung. Was seither das nationale Einheitssystem geworden ist – 3 kV Gleichstrom –, datiert aus dem Jahre 1922, als ein Teil der Nordbahn damit ausgerüstet wurde. Dann gab es bestimmte Vorortstrecken um Barcelona und einige andere Linien, die mit 1,5 kV Gleichstrom elektrifiziert worden sind. Weiterer Arbeit und weiterer Zersplitterung wurde durch den Bürgerkrieg Einhalt geboten. Nach dem Krieg, mit der Schaffung der Spanischen Staatsbahn, RENFE, fiel die Entscheidung für ein einheitliches Bahnstromsystem mit 3 kV Gleichstrom, und seither sind große Fortschritte gemacht worden. – Der moderne Triebwagen wurde bei der Einführung der elektrischen Vorortzüge in Barcelona eingesetzt. Einige dieser Triebwagen haben nur Fahrgastabteile, während andere auch über ein Gepäckabteil verfügen. Diese Triebwagen sind von schweizerischer Konstruktion, wurden aber in Spanien unter Lizenz gebaut.

148 **Louisville and Nashville Railroad** (USA):
Lokomotive der Baureihe M1 von 1942, Achsfolge 1'D2'

Die bedeutende und weitreichende Louisville and Nashville Railroad (L. & N.) war eine jener Gesellschaften, die von der großen Wirtschaftskrise Anfang der dreißiger Jahre am härtesten getroffen wurden. Für einen Zeitraum von zehn Jahren danach konnte sie keine neuen Lokomotiven für Hauptstrekken anschaffen. Aber der Krieg in Europa und die Mobilisierung für die Verteidigung in den USA ließen die Geschehnisse von 1941 unter einem anderen Aspekt erscheinen. Die L. & N. kaufte von General Motors neue Diesellokomotiven für den Reisezugverkehr, behielt aber Dampflokomotiven für den Frachtdienst bei. Hierfür wurden die sehr prächtigen 1'D2'-Maschinen der Baureihe M1 beschafft, von denen die Baldwin Locomotive Company die erste im Juli 1942 geliefert hat. Es waren bei weitem die größten, welche die L. & N. bis dahin besaß – sie waren zu groß für die Drehscheiben und Lokomotivschuppen! Aber größere Zugkraft war eben notwen-

dig, und so paßte die L. & N. die Dinge an die neuen Gegebenheiten an.
Diese Lokomotiven hatten Zylinder von 635 mm Durchmesser und 812 mm Kolbenhub, Treibräder von 1752 mm Durchmesser und einen Kesseldruck von 18,5 kp/cm² (182,9 N/cm²). Die Zugkraft betrug 29640 kp (29,6 t). Das Gewicht der Lokomotive war 204 t, und der Tender faßte nahezu 100 Kubikmeter Wasser sowie 24 t Kohle. Mit zwei Dritteln der maximalen Kohle- und Wassermenge wog der Tender 138 t. – Der erste Auftrag lautete auf vierzehn Lokomotiven, die die Seriennummern 1950 bis 1963 trugen; ab 1948 wurden weitere zweiundzwanzig in Dienst gestellt. Für die L. & N. waren sie eine sehr gute Investition.

149 **Norfolk and Western Railroad** (USA):
Verbund-Güterzuglokomotive der Bauart „Mallet" mit der Achsfolge 1'D-D1'

Die Achsfolge 1'D-D1', wie bei allen echten Mallet-Gelenklokomotiven mit Verbundbetrieb der Zylinder, war einmal die Bauart für die fast universell einsetzbare schwere Güterzuglokomotive bei den amerikanischen Eisenbahnen. Aber die Weiterentwicklung dieser Maschinen wurde nur bei der Norfolk and Western Railroad verfolgt. Indem diese Eisenbahn ihre Politik aus der Zeit vor dem Kriege aufrechterhielt, Dampf als die grundlegende Betriebsform beizubehalten, entwickelte sie drei Baureihen: die 2'D2'-Maschinen für Schnellzugverkehr, die einfachen 2'C-C2'-Gelenklokomotiven für schnellen Güterverkehr und die Maschinen der abgebildeten Baureihe für schwersten Güterverkehr. Diese letzten führten Lasten von mehr als 13000 t bei 40 km/h auf ebener Strecke. Es war eine sehr gut gelungene Konstruktion.
Die Hochdruckzylinder (hinteres Triebwerk) hatten 635 mm und die Niederdruckzylinder 990 mm Durchmesser; der Kolbenhub betrug einheitlich 812 mm. Die Treibräder waren 1473 mm groß, und der Kesseldruck erreichte 21,0 kp/cm² (207,0 N/cm²). Wenn die Lokomotive mit einer Geschwindigkeit von etwa 6,5 km/h fuhr, ließ ein spezielles Ventil Frischdampf von vermindertem Druck in die Niederdruckzylinder einströmen, wodurch zusätzliche Zugkraft gewonnen wurde. Im normalen Verbundbetrieb betrug die Zugkraft 57380 kp (etwa 57,4 t); aber wenn die Lokomotive, wie beschrieben, gewissermaßen mit Einfachexpansion arbeitete, erreichte sie eine Zugkraft von 69100 kp (69,1 t). Diese gewaltigen Maschinen wogen 278 t und der vollbeladene Tender weitere 172 t. Sie waren die einzigen vollständig modernisierten Verbund-Gelenklokomotiven der Bauart Mallet, die im wichtigsten Hauptstreckenverkehr in den USA in Betrieb blieben.

150 **Denver and Rio Grande Western Railroad** (USA):
Schnellzuglokomotive mit der Achsfolge 2'D2'

Die Denver and Rio Grande Western Railroad führt durch das Herz der Rocky Mountains im Staate Colorado, und obwohl die Steigungen sehr lang und steil sind, wurden einige bemerkenswert schnelle Züge mit Dampflokomotiven geführt. Hervorragend unter diesen Zügen war der „Exposition Flyer“, der gemeinsam von der Burlington, der Rio Grande und der Western Pacific Railroad zwischen Chicago und San Francisco betrieben wurde. Von Denver aus – nach einer Abfahrt bei ziemlich ebener Strecke – führte der Anstieg zum Moffat-Tunnel mit einer mittleren Steigung im Verhältnis 1:57 auf einer Länge von etwa 70 km. Auf dieser Strecke wurden die gewaltigen 2'D2'-Maschinen, wie eine abgebildet ist, eingesetzt; dabei führten sie ohne Hilfe ein Zuggewicht von mehr als 700 t mit einer gleichbleibenden Geschwindigkeit von 40 km/h. Obwohl sie sehr schwere Bergstrecken nehmen mußten, waren sie in der Hauptsache Schnellzuglokomotiven, denn ihre Treibräder hatten einen Durchmesser von nicht weniger als 1854 mm. Die beiden Zylinder hatten einen Durchmesser von 660 mm und einen Kolbenhub von 762 mm. Der enorme Kessel hatte eine Verdampfungsoberfläche von 511,5 m^2 und eine Überhitzerfläche von 217,1 m^2. Die Zugkraft betrug 30500 kp (30,5) t.

151 **Atchison, Topeka and Santa Fe Railroad** (USA):
Schwere Güterzuglokomotive der Baureihe 5011, Achsfolge 1'E2'

Dieser Lokomotivtyp wird wegen seines ersten Einsatzes in den USA im Jahre 1925 bei der Texas and Pacific Railroad die „Texas“ genannt. Obgleich von gewaltiger Stärke für eine Lokomotive mit starrem Rahmen, hatte man bei ihr anfangs die Schwierigkeit, die schweren Ausgleichsgewichte in den kleinen Treibrädern richtig abzustimmen. Ihre ersten 1'E2'-Maschinen erhielt die Atchison, Topeka and Santa Fe von der Baldwin Locomotive Company im Jahre 1930, doch obwohl man durch Vergrößern des Treibraddurchmessers von 1600 mm bei den originalen „Texas“-Maschinen auf 1752 mm das Ausgleichsproblem hatte teilweise lösen können, erwies sich diese erste Lokomotive der „Santa Fe“ mit der Achsfolge 1'E2' als nicht gänzlich zufriedenstellend. Als die Baureihe dann als „5011“ von 1928 an in die Serienfertigung ging, wurde der Treibraddurchmesser weiter vergrößert, und zwar auf nicht weniger als 1880 mm – bemerkenswert für eine fünffach gekuppelte schwere Güterzuglokomotive.
Diese Baureihe 5011 wurde ein voller Erfolg. Die Maschinen hatten einen Zylinderdurchmesser von 762 mm und einen Kolbenhub von 864 mm, einen Kesseldruck von nicht weniger als 21,8 kp/cm^2 (213,9 N/cm^2) und eine Zugkraft von insgesamt 42200 kp (42,2 t). Das Dienstgewicht der Lokomotive ohne Tender betrug 245 t und das des Tenders 207 t. Diese Maschinen stellen ein glänzendes Beispiel dafür dar, was sich bei schweren und schnellen Güterzug-Dampflokomotiven mit starrem Rahmen technisch erreichen ließ.

152 **British Railways:**
Dieselelektrische Lokomotive des Einheitstyps 4, Baureihe 47

Im ersten Abschnitt des britischen Eisenbahn-Modernisierungsplans gab es ebenso viele unterschiedliche Meinungen darüber, welches das beste System der elektrischen Kraftübertragung und der beste Dieselmotor sei, wie Meinungen über die jeweiligen Vorzüge der elektrischen und der hydraulischen Kennungswandlung. Während der Motor der English Electric Company als erster im Einsatz war, hatte der schweizerische der Gebr. Sulzer AG, Winterthur, die auf eine langjährige Praxis im Schiffsmotorenbau zurückblicken konnte, ebenfalls gute Aussichten auf Berücksichtigung. Der Dieselmotor von Sulzer wurde zuerst in einer Serie von Lokomotiven des Typs 4 eingebaut, die in der Fabrik der British Railways in Derby gefertigt wurden; da die ersten Einheiten des Typs 4 Namen von Bergen erhielten, wurden sie als die „Peak"-Klasse (= „Berggipfel") bekannt. Aber der auf dem europäischen Kontinent hervorragende Erfolg der Lokomotiven mit voller Haftreibung weckte den Gedanken an einen neuen britischen Entwurf einer dieselelektrischen Lokomotive mit dem Motor von Sulzer; die ersten Fertigungsserien einer solchen Lokomotive kamen von der Brush Electrical Company in Loughborough. Sie sollte, mit 2800 PS (2060 kW) und der Achsfolge Co'Co', die bisher zahlreichste aller britischen nichtdampfbetriebenen Lokomotivklassen werden. Der überwiegende Teil der Dieselmotoren für die 520 Lokomotiven dieser Klasse, obwohl von der Sulzerschen Konstruktion, wurde bei den Naval Construction Works of Vickers Ltd. in Barrow-in-Furness mit Lizenz gebaut. Diese Lokomotiven sind in umfangreichem Einsatz im westlichen, östlichen und schottischen Bezirk der British Railways. Sie erreichen eine Höchstgeschwindigkeit von 153 km/h.

153 **Japanische Staatsbahnen:**
Der „Hikari", ein „Superexpreßzug" der Tokaido-Linie

Die Eröffnung des ersten Abschnitts des epochemachenden Shin-Kansen-Netzes von Super-Schnellverkehrslinien bei den Japanischen Staatsbahnen fiel eng mit dem Ende des Zeitraums zusammen, dem dieses Buch gewidmet ist. Es ist ein angemessenes und spannungsreiches Ende, weil es eine völlig neue Konzeption des schnellen Intercity-Verkehrs im Eisenbahnwesen einleitet. Der erste Streckenabschnitt, der in einem weiten Umfang dem Experimentieren diente, verband Tokio mit Osaka, der zweitgrößten Stadt des Landes; er verlief annähernd parallel zu der ursprünglichen Tokaido-Linie, der ersten Hauptstrecke Japans. Aber die *heutige* Tokaido-Linie war keine blosse Aufwertung einer alten Route. Sie wurde von Grund auf neu gebaut, ausgelegt für Dauergeschwindigkeiten von 160 km/h und mehr, und hat die Normalspurweite von 1435 mm.
Japan ist ein gebirgiges Land, und solch eine Eisenbahnlinie zu schaffen, bedingte deshalb ein hohes technisches Können. Heute fährt alle 15 Minuten ein „Hikari" – ein Superexpreßzug – ab Tokio und ab Osaka in beiden Richtungen, und zwar von sechs Uhr morgens bis neun Uhr abends. Jeder Zug besteht aus sech-

zehn Wagen und bietet Platz für 1400 Fahrgäste. Die durchschnittliche Besetzung der Züge beträgt 67 Prozent im Jahresdurchschnitt. Die mittlere Reisegeschwindigkeit ist 162,5 km/h über eine Distanz von 515 km, und die Höchstgeschwindigkeit beträgt 210,8 km/h.

INHALTSVERZEICHNIS

DIESELLOKOMOTIVEN UND -TRIEBWAGEN